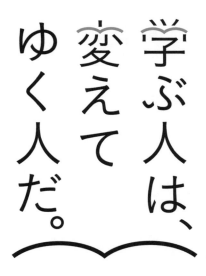

学ぶ人は、
変えて
ゆく人だ。

目の前にある問題はもちろん、

人生の問いや、社会の課題を自ら見つけ、

挑み続けるために、人は学ぶ。

「学び」てゆける。

いつでも、どこでも、誰でも、

学ぶことができる世の中へ。

旺文社

キリ取り線

解答用紙

[注意事項]
①解答にはHBの黒鉛筆（シャープペンシルも可）を使用し、解答を訂正する場合には消し
ゴムで完全に消してください。
②解答用紙は絶対に汚したり折り曲げたり、所定以外のところへの記入はしないでください。

③マーク例

良い例	悪い例
●	◑ ⊗
	◯ ⊘

■ これ以下の濃さのマークは
読めません。

リスニング解答欄

問題番号	1	2	3	4
例題	①	②	●	④
No. 1	①	②	③	④
No. 2	①	②	③	④
No. 3	①	②	③	④
No. 4	①	②	③	④
No. 5	①	②	③	④
No. 6	①	②	③	④
No. 7	①	②	③	④
No. 8	①	②	③	④
No. 9	①	②	③	④
No. 10	①	②	③	④
No. 11	①	②	③	④
No. 12	①	②	③	④
No. 13	①	②	③	④
No. 14	①	②	③	④
No. 15	①	②	③	④
No. 16	①	②	③	④
No. 17	①	②	③	④
No. 18	①	②	③	④
No. 19	①	②	③	④
No. 20	①	②	③	④
No. 21	①	②	③	④
No. 22	①	②	③	④
No. 23	①	②	③	④
No. 24	①	②	③	④
No. 25	①	②	③	④
No. 26	①	②	③	④
No. 27	①	②	③	④
No. 28	①	②	③	④
No. 29	①	②	③	④
No. 30	①	②	③	④

第1部　第2部　第3部

解答欄

問題番号	1	2	3	4
(16)	①	②	③	④
(17)	①	②	③	④
(18)	①	②	③	④
(19)	①	②	③	④
(20)	①	②	③	④
(21)	①	②	③	④
(22)	①	②	③	④
(23)	①	②	③	④
(24)	①	②	③	④
(25)	①	②	③	④
(26)	①	②	③	④
(27)	①	②	③	④
(28)	①	②	③	④
(29)	①	②	③	④
(30)	①	②	③	④
(31)	①	②	③	④
(32)	①	②	③	④
(33)	①	②	③	④
(34)	①	②	③	④
(35)	①	②	③	④

2　3　4

解答欄

問題番号	1	2	3	4
(1)	①	②	③	④
(2)	①	②	③	④
(3)	①	②	③	④
(4)	①	②	③	④
(5)	①	②	③	④
(6)	①	②	③	④
(7)	①	②	③	④
(8)	①	②	③	④
(9)	①	②	③	④
(10)	①	②	③	④
(11)	①	②	③	④
(12)	①	②	③	④
(13)	①	②	③	④
(14)	①	②	③	④
(15)	①	②	③	④

1

※「個人情報の書き方」はこちらの2次
元コードから見ることができます。
※実際のマークシートに似せています
が、デザイン・サイズは異なります。

下段の注意事項をよく読んでからマークしてください。

受験地番号　個人番号　生年月日（西暦）

氏名はひらがなで記入（外国人名はアルファベット〈大文字〉で記入）

氏名

漢字氏名（下4桁を記入）　（氏）　（名）

電話番号　年齢　歳

受験会場名

◎受験地番号・個人番号・生年月日は上段に数字で記入し、マーク欄
を正確にぬりつぶしてください。
◎生年月日は、1ケタの場合は01, 06のように頭に0をつけてくだ
さい。個人番号、生年月日の記入がない場合や不正確な記入は答案
が無効になることもあります。

小学生のための

文部科学省後援

よくわかる 英検®4級 合格ドリル

[4訂版]

旺文社

もくじ

英検4級のLESSON

予想問題

全体監修：粕谷恭子

本冊・別冊執筆：株式会社 カルチャー・プロ

本冊・別冊編集協力：株式会社 カルチャー・プロ, 木静舎 山下鉄也, Jason A. Chau

装丁デザイン・イラスト：及川真咲デザイン事務所 (内津 剛)

本文デザイン：谷口 賢 (TANIGUCHI ya Design)

本文イラスト：福々ちえ, 瀬々倉匠美子, 有限会社 アート・ワーク

組版・動画制作：株式会社 明昌堂

ウェブサイト制作：株式会社コルテクネ

録音：ユニバ合同会社

ナレーション：Julia Yermakov, Rumiko Varnes, Chris Koprowski, 川崎恵理子

この本の特長と使い方

LESSON 1〜12

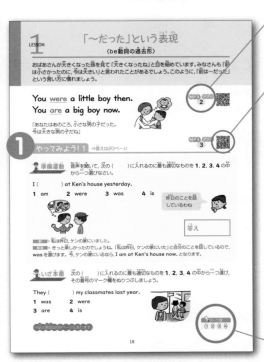

アプリとウェブ特典ダウンロード音声のトラック番号です

2次元コードを読み取ると，音声が再生できます

※音声の再生には多くの通信量が必要となるので，Wi-Fi環境でのご利用をおすすめします。

❶ やってみよう！

音声がある問題は，音声に合わせて声に出して練習するとよりいっそう効果的です。
LESSON 1〜6：「準備運動」で問題形式に慣れたら，「いざ本番」で練習しましょう。
LESSON 7〜12：4級の問題形式に沿って練習問題をやりましょう。

マーク欄のある問題は，本番の試験で解答するようにぬりつぶしましょう

❷ ここがポイント！

各LESSONで学ぶ大事なポイントをやさしく解説しています。最初にここを読んでからLESSONをスタートしてもよいでしょう。

❸ 聞いてみよう！くり返してみよう！

音声に合わせて声に出して言ってみましょう。くり返し聞いて，英文を覚えるまでまねしてみましょう。

❹ おまけ問題

LESSONで学んだ内容に関連した問題です。ひととおり学習が終わったらちょう戦してみましょう。

単熟語・フレーズ学習

「動画はコチラ！」の2次元コードを読み取ると，このページの復習ができる動画を見ることができます

英検4級によく出る単語・熟語・会話表現をテーマごとにまとめています。

音声を聞きながら声に出して意味を覚えましょう。

ひととおり覚えたら，動画にアクセスしてみましょう。

紙面の内容を復習することができます。

※動画の再生には多くの通信量が必要となるので，Wi-Fi環境でのご利用をおすすめします。

予想問題

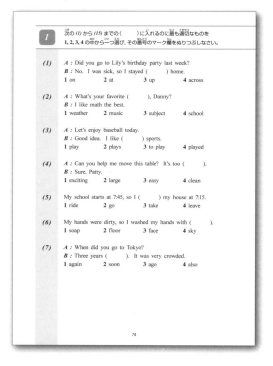

巻末に，本番の英検試験とそっくりな形式のテストを1回分収録しています。どれくらい正解できるか，うで試しをしてみましょう。解き終わったら答えと解説をしっかり読み，できなかった問題は必ず復習しましょう。

付属のマークシートまたは「自動採点サービス」のオンラインマークシートで解答することができます

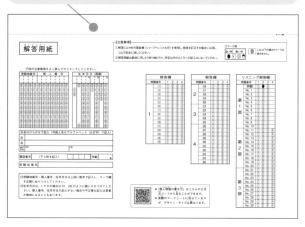

音声について

収録内容

本書の **MP3 アプリ** **2** マークや2次元コードが付いている箇所は音声を聞くことができます。くり返し再生して練習しましょう。

3つの方法で音声が聞けます！

※これらのサービスは予告なく変更, 終了することがあります。

❶ 公式アプリ「英語の友」(iOS / Android) で再生

[ご利用方法]

1. 「英語の友」公式サイトより, アプリをインストール

   (右の2次元コードから読み込めます)

   https://www.eigonotomo.com 　 英語の友 🔍

2. アプリ内のライブラリよりご購入いただいた書籍を選び, 「追加」ボタンを押してください

※本アプリの機能の一部は有料ですが, 本書の音声は無料でお聞きになれます。
※くわしいご利用方法は「英語の友」公式サイト, あるいはアプリ内のヘルプをご参照ください。

❷ パソコンで音声データをダウンロード (MP3)

[ご利用方法]

1. ウェブ特典にアクセス

   くわしくは, 6ページをご覧ください

2. 「音声データダウンロード」から聞きたいパートを選択してダウンロード

※音声ファイルはzip形式にまとめられています。ファイルを展開した上でご利用ください。
※音声の再生にはMP3を再生できる機器などが必要です。ご使用機器, 音声再生ソフト等に関する技術的なご質問は, ハードメーカーもしくはソフトメーカーにお願いいたします。

❸ スマートフォン・タブレットでストリーミング再生

[ご利用方法]

MP3 アプリ **2** のそばにある2次元コードを読み込むと, 音声が再生されます

※「予想問題」は自動採点サービスを通して, ストリーミング再生をご利用になれます。くわしくは, 73ページをご覧ください。
※音声の再生には多くの通信量が必要となるので, Wi-Fi環境でのご利用をおすすめします。

ウェブ特典について

※これらのサービスは予告なく変更，終了することがあります。

アクセス方法

	スマートフォン タブレット	右の2次元コードを読み込むと， パスワードなしでアクセスできます！
	パソコン スマートフォン タブレット共通	1. ウェブ特典（以下のURL）にアクセスします。 https://eiken.obunsha.co.jp/4q/ 2. 本書を選択し，以下のパスワードを入力してください。 パスワード：nzhibx ※すべて半角アルファベット小文字

特典内容

（1）自動採点サービス

「予想問題」（74ページ〜）をスマートフォンやタブレット，パソコンからオンラインマークシートで解答すると，結果が自動採点されます。以下のアクセス方法でご利用ください。

[2つのアクセス方法]

➡スマートフォン／タブレット

73ページの2次元コードを読み込んでアクセスし，「問題をはじめる」ボタンを押して試験を始めてください。

➡パソコン／スマートフォン／タブレット共通

「ウェブ特典」にアクセスし，「自動採点サービスを使う」を選択してご利用ください。

（2）音声データのダウンロード

本書の各「LESSON」，「予想問題」，別冊「スピーキングテストまるわかりBOOK」の音声データ（MP3）をダウンロードできます。

（3）スピーキングテスト対策

ウェブ上で，別冊「スピーキングテストまるわかりBOOK」に掲載されている予想問題（別冊8ページ）を体験することができます。また，スピーキングテストの「音読のしかた」や「解答例」も確認できます。

（4）「個人情報の書き方」のダウンロード

「解答用紙」（マークシート）には氏名など受験者の情報を記入する欄があります。その書き方を説明したPDFがダウンロードできます。

英検®受験情報

※2023年3月時点の情報に基づいています。受験の際は,英検ウェブサイト等で最新の情報をご確認ください。
※以下の受験情報は「従来型」のものです。

《申し込み方法》

個人受験：下記いずれかの方法でお申し込みください。

○インターネット（願書不要）…英検ウェブサイトからお申し込みください。

○コンビニ（願書不要）…店頭の情報端末で申し込むと「申込券」が出てくるので，レジで検定料を支払います。

○特約書店（要願書）…特約書店で検定料を払い込みください。「書店払込証書」と「願書」を公益財団法人 日本英語検定協会まで郵送します。

※申し込み方法については変更になる可能性があります。また，個人受験でも団体受験の試験会場で受験できる場合があります。くわしくは英検ウェブサイトで最新情報をご確認ください。

団体受験：学校や塾などで申し込む団体受験もあります。まずは学校や塾の先生に聞いてみましょう。

《検定料》

検定料については英検ウェブサイトをご覧ください。

《お問い合わせ先》

公益財団法人 日本英語検定協会　英検サービスセンター

電話　03-3266-8311　月〜金 9：30〜17：00（祝日・年末年始を除く）

英検ウェブサイト　https://www.eiken.or.jp/eiken/

試験当日は…

いつもどおりの自分で試験に臨もう！
今までがんばってきた自分に自信を持って！

- ●試験会場には早めに行こう。
- ●試験かんとくから，問題冊子と解答用紙が配られるよ。
- ●筆記→リスニングの順番で解くよ。
- ●問題冊子には書き込みをしても大丈夫。
- ●試験中に困ったことがあったら，静かに手を挙げて知らせよう。
- ●試験かんとくから終わりの合図があったら，えん筆を置こう。

持ち物リスト

□ 受験票（個人受験の場合のみ）

□ 筆記用具（HBのえん筆またはシャープペンシル・消しゴム）

□ 上ばき（必要な会場のみ）

□ うで時計（携帯電話の使用は×）

英検4級の問題を知ろう！

英検4級の試験は，筆記とリスニングで構成されています。
本書で学習をする前に，それぞれの問題の出題形式を知っておきましょう。

 筆記 ⏱35分

筆記は，以下の4つのパートで構成されています。

問題	形　式	問題数
1	短文の穴うめ問題	15問
2	会話文の穴うめ問題	5問
3	語句の並べかえ問題	5問
4	長文の読解問題	10問

1 短文の穴うめ問題

短文または会話文中の（　　）に入る適切な語句を4つの選択肢から選びます。

---

1 次の (1) から (15) までの（　　）に入れるのに最も適切なものを 1, 2, 3, 4 の中から一つ選び，その番号のマーク欄をぬりつぶしなさい。

(1) *A :* Did you go to Lily's birthday party last week?
B : No. I was sick, so I stayed (　　) home.
1 on　　　2 at　　　3 up　　　4 across

(2) *A :* What's your favorite (　　), Danny?
B : I like math the best.
1 weather　　2 music　　3 subject　　4 school

2 会話文の穴うめ問題

会話文中の（　　）に入る適切な語句や文を4つの選択肢から選びます。

---

2 次の (16) から (20) までの会話について，（　　）に入れるのに最も適切なものを 1, 2, 3, 4 の中から一つ選び，その番号のマーク欄をぬりつぶしなさい。

(16) *Girl :* I will have some orange juice. (　　)
Clerk : It's two dollars.
1 What do you think?　　　2 How much is it?
3 How big is it?　　　4 What is it for?

(17) *Boy :* Look! These flowers are good for Mom's birthday present.
Girl : (　　)
Boy : Let's give them to her then.
1 I don't like it.　　　2 You are ready.
3 I think so, too.　　　4 She will ask me.

3 語句の並べかえ問題

あたえられた日本文の意味を表すように，5つの語句を並べかえて英文を完成させ，2番目と4番目にくるものの組み合わせを選びます。

---

3 次の (21) から (25) までの日本文の意味を表すように①から⑤までを並べかえて □ の中に入れなさい。そして，2番目と4番目にくるものの最も適切な組合せを 1, 2, 3, 4 の中から一つ選び，その番号のマーク欄をぬりつぶしなさい。※ただし，（　　）の中では，文の初めにくる語も小文字になっています。

(21) お茶を1杯いかがですか。
（ ① you　② a cup　③ would　④ of　⑤ like ）
□ 2番目 □ □ 4番目 □ tea?
1 ③-②　　2 ①-④　　3 ①-②　　4 ⑤-③

4　長文の読解問題

[A], [B], [C]の3つの英文を読み, 英文の内容に関する質問に対して最もよく当てはまるものを4つの選択肢から選びます。[A]はお知らせや掲示, [B]はＥメールまたは手紙文, [C]は説明文が出題されます。

🎵リスニング （約30分）

リスニングは, 以下の3つのパートで構成されています。放送は2回くり返されます。

問題	形式	問題数
第1部	会話の応答文を選ぶ問題	10問
第2部	会話の内容に関する選択問題	10問
第3部	文の内容に関する選択問題	10問

第1部　会話の応答文を選ぶ問題

イラストを見ながら会話を聞き, 最後の発言に対する応答として最も適切なものを放送される3つの選択肢から選びます。

第2部　会話の内容に関する選択問題

会話を聞き, その内容に関する質問の答えを4つの選択肢から選びます。会話と質問は放送されますが, 選択肢は問題冊子に印刷されています。

第2部 MP3アプリ 74~84

No.11	1 She is busy.	2 She is sad.
	3 She is sleepy.	4 She is sorry.
No.12	1 Have lunch.	2 Turn at the corner.
	3 Go shopping.	4 Go home.
No.13	1 Saw his friend.	2 Helped his friend.
	3 Went fishing.	4 Did his English homework.

第3部　文の内容に関する選択問題

短い英文を聞き, その内容に関する質問の答えを4つの選択肢から選びます。英文と質問は放送されますが, 選択肢は問題冊子に印刷されています。

第3部 MP3アプリ 85~95

No.21	1 Once a week.	2 Twice a week.
	3 Three times a week.	4 Every day.
No.22	1 Buy a book.	2 Go to school.
	3 Study.	4 Go to the library.
No.23	1 His mother.	2 His father.
	3 His friends.	4 His grandmother.

英検４級の問題にチャレンジする前に，５級のおさらいをしましょう。

代名詞

日本語では「昨日，映画に行ったんだ」と言って，「だれが？」ときかれることはほとんどありません。ところが，英語では，「私は昨日，映画に行ったんだ」と言わなければなりません。他の人のことを話すときも，Mary likes soccer. / Mary can play the piano. のように，「だれ」のことかを言う決まりがあります。そして，いちいち Mary と言う代わりに，代名詞と呼ばれる便利な言葉を使います。「だれ」のこと，「何」のことを話題にするかによって，使う代名詞はちがいます。

～は・が	I	you	he / she / it	we	you	they
～の	my	your	his / her / its	our	your	their
～を・に	me	you	him / her / it	us	you	them
～のもの	mine	yours	his / hers	ours	yours	theirs

be動詞の肯定文

「肯定文」というと難しく聞こえますが，簡単に言うと「○○は～です」や「○○は～にいます／あります」という表現のことです。日本語と大きくちがうところが１つあります。日本語では，だれのことでも「私は生徒です」，「あなたは生徒です」，「タロウは生徒です」のように「○○は」の後は同じですが，英語では「だれ」のことを話題にしているかによって言い方が変わるので注意しましょう。

I	私（＝１人）		I am 13.
You	あなた（＝１人）		You are 13.
He / She	彼／彼女（＝１人）		He is 13. / She is 13.
It	それ（＝１つ）		It is new.
We	私達（＝２人以上）		We are 13.
You	あなた達（＝２人以上）		You are 13.
They	彼ら（＝２人以上）		They are 13.
They	それら（＝２つ以上）		They are new.

be動詞の否定文

「○○は〜ではありません」、「○○は〜にいません／ありません」という言い方です。これを否定文と呼びます。使うbe動詞は肯定文のときと同じです。notが入る位置に慣れましょう。

I	I am not 13.	———	I'm not 13.
You	You are not 13.	You aren't 13.	You're not 13.
He / She	He / She is not 13.	He / She isn't 13.	He's / She's not 13.
It	It is not new.	It isn't new.	It's not new.
We	We are not 13.	We aren't 13.	We're not 13.
You	You are not 13.	You aren't 13.	You're not 13.
They	They are not 13.	They aren't 13.	They're not 13.
They	They are not new.	They aren't new.	They're not new.

be動詞の疑問文

今度は「○○は〜ですか」、「○○は〜にいますか／ありますか」という言い方です。これを疑問文と言います。使うbe動詞は肯定文, 否定文のときと同じです。

I	Am I 13? (私は, 13才ですか。)
You	Are you 13? (あなたは, 13才ですか。)
He / She	Is he 13? / Is she 13? (彼／彼女は, 13才ですか。)
It	Is it new? (それは, 新しいですか。)
We	Are we 13? (私達は, 13才ですか。)
You	Are you 13? (あなた達は, 13才ですか。)
They	Are they 13? (彼らは, 13才ですか。)
They	Are they new? (それらは, 新しいですか。)

おさらい問題 1

正しいと思う方を選び, ○で囲みましょう。

1. Tom is my friend. (He / You) is 11 years old.
2. Jim and Maki are good friends. (She / They) are 13 years old.
3. I (am / are) 11 years old.
4. It (is / are) my cup.
5. (Are / Is) you our new English teacher?
6. They (are not / is not) 15 years old.

⇒答えと訳は15ページにあります。

英語の動詞には, be動詞と一般動詞の2種類があります。「走る」,「食べる」,「考える」,「楽しむ」などの動詞は一般動詞です。ところで, 日本語でも動詞「食べる・食べている・食べた」など色々な形に変化しますね。英語でも色々な変化の形に慣れることが大切です。そして, 変化する前の形を, この本では「動詞の元の形」と呼びます。辞書を引くとのっているのが「動詞の元の形」です。

日本語にはない変化の形が,「だれ」のことを話題にしているかによる変化です。run（走る）を例に表にまとめます。don't＝do＋not, doesn't＝does＋not でしたね。

		肯定文	否定文	疑問文
I	私は走ります。	I run.	I don't run.	Do I run?
You	あなたは走ります。	You run.	You don't run.	Do you run?
He She	タロウは走ります。 アキは走ります。	Taro runs. Aki runs.	Taro doesn't run. Aki doesn't run.	Does Taro run? Does Aki run?
It	私の犬は走ります。	My dog runs.	My dog doesn't run.	Does my dog run?
We	私達は走ります。	We run.	We don't run.	Do we run?
You	あなた達は走ります。	You run.	You don't run.	Do you run?
They	ケンとメアリーは走ります。	Ken and Mary run.	Ken and Mary don't run.	Do Ken and Mary run?
They	私のネコ達は走ります。	My cats run.	My cats don't run.	Do my cats run?

go → goes, study → studies のように, −s を付けるだけではない動詞もあります。

できる・できない　canを使った表現

「～できる」,「～できない」という表現もよく使います。英語では, can という言葉を使って表します。can の後ろにはいつも「動詞の元の形」が入ります。「だれ」のことを話題にしているかによって変わることはありません。自分のこと＝Iを例に下にまとめているので, 見てみましょう。

- I <u>can</u> swim.　（私は泳ぐことができます。）
- I <u>can't</u> swim.　（私は泳ぐことができません。）
- <u>Can</u> I swim?　（私は泳ぐことができますか［泳いでいいですか］。）
- I <u>can</u> be your partner.　（私はあなたのパートナーになれます。）
- I <u>can't</u> be your partner.　（私はあなたのパートナーになれません。）
- <u>Can</u> I be your partner?　（私はあなたのパートナーになれますか。）

今～しているところ　現在進行形

動詞の使い方を覚えると表現のはばが広がりますね。今度は「今～しているところ」という表現です。be動詞と一般動詞を組み合わせます。どのbe動詞を使うかは,「だれ」のことが話題になっているかで決まるのでしたね。

- I <u>am</u> study<u>ing</u>.　（私は勉強しています。）
- You <u>are</u> study<u>ing</u>.　（あなたは勉強しています。）
- Emi <u>is</u> study<u>ing</u>.　（エミは勉強しています。）
- My dog <u>is</u> sleep<u>ing</u>.　（私の犬はねむっています。）
- Aki and I <u>are</u> study<u>ing</u>.　（アキと私は勉強しています。）
- You <u>are</u> study<u>ing</u>.　（あなた達は勉強しています。）
- Emi and Tom <u>are</u> study<u>ing</u>.　（エミとトムは勉強しています。）
- My cats <u>are</u> sleep<u>ing</u>.　（私のネコ達はねむっています。）

> 否定文は…I <u>am not</u> study<u>ing</u>.
> 疑問文は…<u>Are</u> you study<u>ing</u>?
>
> run→run<u>ning</u> のように, <u>-ing</u> を付けるだけではない動詞もあります。
> 少しずつ慣れていきましょう。

だれ？ いつ？ 何？　疑問詞

何をきかれているのかわからないと質問をされても答えられません。疑問詞をしっかり身に付けましょう。

What ...?	何～？		How ...?	どうやって～？
What time ...?	何時～？		How old ...?	何才～？
Where ...?	どこ～？		How often ...?	どのくらいひんぱんに～？
When ...?	いつ～？		How much ...?	いくら～？
Why ...?	なぜ～？		How long ...?	どのくらい長く～？
Who ...?	だれ～？		How many ...?	いくつ～？
Whose ...?	だれの～？			
Which ...?	どれ～？／どの～？			

When?

おさらい問題 2

正しいと思う方を選び，○で囲みましょう。

1　Ms. Tanaka (runs / run) every day.
2　Keiko (can swim / can swims).
3　I (am cleaning / is cleaning) my room.
4　(Where / Who) do you live?

⇒答えと訳は15ページにあります。

1 <u>He</u> is 11 years old.

　　訳 ▶ トムは私の友達です。彼は 11 才です。

2 <u>They</u> are 13 years old.

　　訳 ▶ ジムとマキは仲の良い友達です。彼らは 13 才です。

3 I <u>am</u> 11 years old.

　　訳 ▶ 私は 11 才です。

4 It <u>is</u> my cup.

　　訳 ▶ それは私のカップです。

5 <u>Are</u> you our new English teacher?

　　訳 ▶ あなたは私達の新しい英語の先生ですか。

6 They <u>are not</u> 15 years old.

　　訳 ▶ 彼らは 15 才ではありません。

1 Ms. Tanaka <u>runs</u> every day.

　　訳 ▶ タナカさんは毎日走ります。

2 Keiko <u>can swim</u>.

　　訳 ▶ ケイコは泳ぐことができます。

3 I <u>am cleaning</u> my room.

　　訳 ▶ 私は自分の部屋をそうじしています。

4 <u>Where</u> do you live?

　　訳 ▶ あなた（達）はどこに住んでいますか。

登場人物の紹介

みなさんの中には, 英語の勉強が初めてという人もたくさんいるでしょう。
そんなみなさんを応援するために, この本には2人の仲間が登場します。
はげましてもらいながら, 勉強を進めていきましょう。

リコ（小学6年生の女の子）
みんな, はじめまして。
私は英語の歌を歌うことが大好きなんだ！
みんなをうまくサポートできるよう, がんばるね。

ヒロ（小学5年生の男の子）
ぼくも小学校で英語を勉強しているよ。
ぼくは, 英語の映画を見るのにはまってるんだ。
いっしょにがんばろう！

下の吹き出しのように, リコやヒロが問題のヒントをくれます。

やってみよう！1　⇒答えは20ページ

MP3 **アプリ**
3

準備運動　音声を聞いて, 次の（　　　）に入れるのに最も適切なものを **1**, **2**, **3**, **4** の中から一つ選びなさい。

I (　　　) at Ken's house yesterday.

1 am　　　**2** were　　　**3** was　　　**4** is

昨日のことを話しているわね

答え

訳 ▶ 私は昨日, ケンの家にいました。
解説 ▶ きっと楽しかったのでしょうね。「私は昨日, ケンの家にいた」と自分のことを話しているので, was を選びます。今, ケンの家にいるなら, I am at Ken's house now. となります。

16

英検4級
の
LESSON

LESSON の進め方

LESSON 1 〜 6

「準備運動」で問題形式になれたら，
「いざ本番」で練習しましょう。

LESSON 7 〜 12

4級の問題形式に沿って練習問題を
やっていきましょう。

4級合格に向けて
出発しよう！

1

「〜だった」という表現
〈be動詞の過去形〉

おばあさんが大きくなった孫を見て「大きくなったね」と目を細めています。みなさんも「前は小さかったのに,今は大きい」と言われたことがあるでしょう。このように,「前は〜だった」という言い方に慣れましょう。

You <u>were</u> a little boy then.
You <u>are</u> a big boy now.

MP3 アプリ 2

「あなたはあのころ,小さな男の子だった。
今は大きな男の子だね」

MP3 アプリ 3

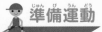 **やってみよう!1** ⇒答えは20ページ

準備運動 音声を聞いて,次の(　　)に入れるのに最も適切なものを **1, 2, 3, 4** の中から一つ選びなさい。

I (　　　　) at Ken's house yesterday.

1 am 　　　 **2** were 　　　 **3** was 　　　 **4** is

昨日のことを話しているわね

答え

訳▶ 私は昨日,ケンの家にいました。

解説▶ きっと楽しかったのでしょうね。「私は昨日,ケンの家にいた」と自分のことを話しているので,**was** を選びます。今,ケンの家にいるなら,**I am at Ken's house now.** となります。

 **いざ本番** 次の(　　)に入れるのに最も適切なものを **1, 2, 3, 4** の中から一つ選び,その番号のマーク欄をぬりつぶしましょう。

They (　　　　) my classmates last year.

1 was 　　　 **2** were

3 are 　　　 **4** is

⇒訳と解説は68ページにあります。

マーク欄
① ② ③ ④

やってみよう！2 ⇒答えは20ページ

準備運動 音声を聞いて，日本文の意味を表すように①から⑤までを並べかえて □ の中に入れなさい。そして，2番目と4番目にくるものの最も適切な組み合わせを **1, 2, 3, 4** の中から一つ選びなさい。

私の祖母はテニスが上手な人でした。

（ ① a ② was ③ grandmother ④ tennis player ⑤ good ）

My □ [2番目] □ □ [4番目] □ .

1 ①－⑤ **2** ③－② **3** ②－⑤ **4** ④－①

並べかえたら全文を書き出してみるとわかりやすいよ

答え □

正しい文 ▸ My (grandmother was a good tennis player).

解説 ▸ おばあさんはテニスが上手だったのですね。おばあさんのことを話していて過去のことですから，be動詞はwas になります。a good tennis player は「テニスが上手な人」を表します。

いざ本番 日本文の意味を表すように①から⑤までを並べかえて □ の中に入れなさい。そして，2番目と4番目にくるものの最も適切な組み合わせを **1, 2, 3, 4** の中から一つ選び，その番号のマーク欄をぬりつぶしましょう。

あなたは先週とてもいそがしかったですね。

（ ① were ② busy ③ you ④ last ⑤ very ）week.

□ [2番目] □ □ [4番目] □ week.

1 ①－② **2** ④－⑤ **3** ②－③ **4** ⑤－①

⇒訳と解説は68ページにあります。

マーク欄
① ② ③ ④

やってみよう！3 ⇒答えは22ページ

準備運動 イラストを参考にしながら対話と応答を聞き，最も適切な応答を放送される 1, 2, 3 の中から一つ選びなさい。

☆ : Where are Kate and Jake?

★ : I think they are late again.

☆ : They are always late!

1　It is in my room.

2　They were late yesterday, too.

3　That's a good idea.

イラストの2人はだれかと待ち合わせかな？

答え

訳 ☆：「ケイトとジェイクはどこにいるの？」

★：「彼らはまたちこくしているんだとぼくは思うよ」

☆：「彼らはいつもおそいわよね！」

1　それはぼくの部屋にあるよ。

2　彼らは昨日もちこくをしたよ。

3　それは良い考えだね。

解説 ケイトとジェイクが待ち合わせにおくれているようです。「彼らは昨日もちこくをした」と言う場合，They が主語なので，be動詞は were を使います。

 イラストを参考にしながら対話と応答を聞き，最も適切な応答を放送される 1, 2, 3 の中から一つ選び，その番号のマーク欄をぬりつぶしましょう。

6

⇒放送文・訳・解説は68ページにあります。

▼マーク欄
① ② ③

LESSON 1　やってみよう！1の答え　準備運動 3，いざ本番 2　　やってみよう！2の答え　準備運動 3，いざ本番 1

20

be動詞の過去形

◎ まだ小学生のみなさんには「過去形」と言ってもピンと来ないかもしれません。「平安時代のこと？ 江戸時代のこと？」と思う人がいるかもしれませんね。でも、昨日のことも、今朝のことも、ついさっきのことも、「今」より前のことは全て「過去形」と呼ぶのです。

◎ be動詞の過去形は、「テストは難しかった」（The test was difficult.）、「昨日は暑かった」（It was hot yesterday.）、「机の上に本があった」（There was a book on the desk.）というようなときに使います。日本語でも過去のことを表すときには「難しい→難しかった」「暑い→暑かった」というふうに、形が変化しますね。それぞれの変化については、下の「聞いてみよう！ くり返してみよう！」で音声を聞いて練習しましょう。

聞いてみよう！ くり返してみよう！

I am happy.
私はうれしいです。

I was happy.
私はうれしかったです。

We are happy.
私達はうれしいです。

We were happy.
私達はうれしかったです。

You are happy.
あなたはうれしいです。

You were happy.
あなたはうれしかったです。

You are happy.
あなた達はうれしいです。

You were happy.
あなた達はうれしかったです。

He / She is happy.
彼／彼女はうれしいです。

He / She was happy.
彼／彼女はうれしかったです。

They are happy.
彼らはうれしいです。

They were happy.
彼らはうれしかったです。

It is great.
それはすばらしいです。

It was great.
それはすばらしかったです。

They are great.
それらはすばらしいです。

They were great.
それらはすばらしかったです。

どっちを選ぶ？

❶は単数、❷は複数だから…わかったかな？

おまけ問題

❶ The baseball game (was / were) exciting.

❷ The baseball players (was / were) tired.

❸ Keiko and I (was / were) happy because our favorite team won.

自分も入っているから、「私達」と同じことだよ

答えと訳

❶ was　その野球の試合はわくわくしました。

❷ were　その野球選手達はつかれていました。

❸ were　ケイコと私は私達のお気に入りのチームが勝ったのでうれしかったです。

21

LESSON 2 「～だった?」「～じゃなかった」という表現

〈be動詞の過去形／疑問形と否定形〉

「～だった」と言うだけでなく、「～だった?」と質問したり、「～じゃなかった」と否定したりしたいこともありますね。イラストの女の子は映画のことをきかれています。疑問形や否定形の作り方は、現在形と似ているので、現在形の復習もやりましょう。

How <u>was</u> the movie?
It <u>wasn't</u> bad.

MP3 アプリ 8

「映画はどうだった?」
「悪くなかったわよ」

MP3 アプリ 9

やってみよう！1 ⇒答えは24ページ

準備運動 音声を聞いて、次の（　　　）に入れるのに最も適切なものを **1**, **2**, **3**, **4** の中から一つ選びなさい。

A：How（　　　） the new comic book?

B：It was interesting!

1 were　　**2** are　　**3** was　　**4** am

過去形で答えているから、質問も過去形のはずだね

答え

訳 ▶ A「新しいマンガ本は、どうだった?」 B「おもしろかったよ!」

解説 ▶ 過去のことをきいているので、過去形を使います。「1冊の本」が話題になっているので、**was** を選びます。

いざ本番 次の（　　　）に入れるのに最も適切なものを **1**, **2**, **3**, **4** の中から一つ選び、その番号のマーク欄をぬりつぶしましょう。

A：Where（　　　） you yesterday?

B：I was at the library.

1 are　　**2** were　　**3** am　　**4** was

⇒訳と解説は68ページにあります。

マーク欄
① ② ③ ④

LESSON 1　やってみよう！3の答え　準備運動 2，いざ本番 3

やってみよう！2 ⇒答えは24ページ

👤 準備運動　音声を聞いて，日本文の意味を表すように①から⑤までを並べかえて ☐ の中に入れなさい。そして，2番目と4番目にくるものの最も適切な組み合わせを **1**, **2**, **3**, **4** の中から一つ選びなさい。

彼らは昨年，チャンピオンでしたか。

（ ① year　② they　③ last　④ champions　⑤ were ）

☐ | 2番目 ☐ | ☐ | 4番目 ☐ | ☐ ?

1 ②-③　　**2** ④-②　　**3** ③-⑤　　**4** ②-①

英文の後ろに **?** が付いているから，疑問形なんだね

答え ☐

正しい文 ▶ (Were they champions last year)?

解説 ▶ 質問するときには，単語を並べる順番を少し変えるのでしたね。they は2人以上なので，文の最初に were を置きます。

👤 いざ本番　日本文の意味を表すように①から⑤までを並べかえて ☐ の中に入れなさい。そして，2番目と4番目にくるものの最も適切な組み合わせを **1**, **2**, **3**, **4** の中から一つ選び，その番号のマーク欄をぬりつぶしましょう。

あなたのお母さんは昨日，つかれていましたか。

（ ① yesterday　② was　③ your　④ tired　⑤ mother ）

☐ | 2番目 ☐ | ☐ | 4番目 ☐ | ☐ ?

1 ①-②　　**2** ⑤-③　　**3** ③-④　　**4** ④-⑤

⇒訳と解説は68ページにあります。

マーク欄
① ② ③ ④

23

MP3 アプリ 11

準備運動　イラストを参考にしながら対話と応答を聞き，最も適切な応答を放送される 1, 2, 3 の中から一つ選びなさい。

☆ : Hi, Tom.

★ : Hello, Mrs. Green.

☆ : Were you at the bookstore yesterday?

1　No, I wasn't.

2　No, I'm not.

3　No, I can't.

Were you …? ときかれたら，何て答えるんだっけ？

答え

訳
☆：「こんにちは，トム」
★：「こんにちは，グリーン先生」
☆：「昨日，あなたは書店にいた？」
1　いいえ，いませんでした。
2　いいえ，いません。
3　いいえ，できません。

解説　過去のことを否定したいので，**1** を選びます。wasn't は was not を短くした形です。もし書店にいたなら，何と答えますか。そう，**Yes, I was.** ですね。

いざ本番　イラストを参考にしながら対話と応答を聞き，最も適切な応答を放送される 1, 2, 3 の中から一つ選び，その番号のマーク欄をぬりつぶしましょう。

MP3 アプリ 12

⇒放送文・訳・解説は68ページにあります。

マーク欄
① ② ③

LESSON 2　やってみよう！1の答え　準備運動 3，いざ本番 2　やってみよう！2の答え　準備運動 1，いざ本番 3

24

be動詞の疑問形と否定形

🌀 現在形では, am / is / are と3種類を使い分けていた be動詞は, 過去形では was と were の2つだけです。日本語にはない仕組みですね。質問するときには, be動詞を前に出し, 否定形にするときには, be動詞の後に not を付けるのでしたね。この約束は, 過去形でも同じです。

🌀 英語では「だれが話題になっているか」によって使う動詞が様々に形を変えることを, 5級でしっかり身に付けていますか。慣れるまで大変かもしれませんが, 話題にしているのが自分のことか, 相手のことか, それ以外の人のことか, 1人か, 2人以上かを, いつも意識することが大切です。

聞いてみよう! くり返してみよう!

MP3 アプリ 13

Was I popular? — No, you weren't.
私は人気でしたか。

— いいえ, そうではありませんでした。

Were you busy? — No, I wasn't.
あなたはいそがしかったですか。

— いいえ, そうではありませんでした。

Was he / she famous? — No, he / she wasn't.
彼／彼女は有名でしたか。

— いいえ, そうではありませんでした。

Was it great? — No, it wasn't.
それはすばらしかったですか。

— いいえ, そうではありませんでした。

Were we popular? — No, you weren't.
私達は人気でしたか。

— いいえ, そうではありませんでした。

Were you busy? — No, we weren't.
あなた達はいそがしかったですか。

— いいえ, そうではありませんでした。

Were they famous? — No, they weren't.
彼らは有名でしたか。

— いいえ, そうではありませんでした。

Were they great? — No, they weren't.
それらはすばらしかったですか。

— いいえ, そうではありませんでした。

どっちを選ぶ?

おまけ問題

1. Tom (wasn't / weren't) sleepy.
2. (Was / Were) you sick?

答えと訳

1. **wasn't**　トムはねむくありませんでした。
2. **Were**　あなたは具合が悪かったのですか。

LESSON 3

「〜した」という表現
〈一般動詞の過去形〉

昨日したことを思い出してみましょう。歯をみがいた, ご飯を食べた, 友達と遊んだ…, たくさんありますね。イラストの男の子は, どんなことを話していると思いますか。今より前にしたことの表現に慣れておきましょう。

I <u>studied</u> hard and <u>passed</u> the test.

MP3 アプリ **14**

「ぼくは一生けん命勉強して, 試験に受かりました」

MP3 アプリ **15**

やってみよう！1 ⇒答えは28ページ

準備運動　音声を聞いて, 次の（　　　　）に入れるのに最も適切なものを **1, 2, 3, 4** の中から一つ選びなさい。

Carol（　　　　） her homework before dinner yesterday.

1 finished　　　**2** finishes　　　**3** played　　　**4** plays

選択肢をよく見ると, **-ed** と **-s** の2つに分かれることに気付いた？

答え 　　　　　　

訳 ▶ キャロルは昨日, 夕食前に宿題を終わらせました。

解説 ▶ 「〜を終える」の元の形は **finish** です。これを過去形にするには, 後ろに **-ed** を付けて **finished** とします。音声をよく聞いておきましょう。

いざ本番　次の（　　　　）に入れるのに最も適切なものを **1, 2, 3, 4** の中から一つ選び, その番号のマーク欄をぬりつぶしましょう。

3 years ago

They（　　　　） this town three years ago.

1 visit　　　**2** do　　　**3** visited　　　**4** did

⇒訳と解説は69ページにあります。

▼マーク欄
① ② ③ ④

LESSON 2　やってみよう！3の答え　準備運動 1, いざ本番 3

26

 **やってみよう！2** ⇒答えは28ページ

準備運動 音声を聞いて，次の会話について，（　　　）に入れるのに最も適切なものを
1, 2, 3, 4 の中から一つ選びなさい。

Daughter : These cookies are for you, Dad.

Father : Thank you. Did you make them?

Daughter : No, (　　　　)

1 I'll go to school.　　2 on Sunday.

3 I bought them.　　4 I like it.

ここではお父さんが何に
ついて知りたいと思って
いるか考えよう

答え

訳 ▶ **むすめ**「お父さん，このクッキーはお父さんのためよ」
　お父さん「ありがとう。自分で作ったの？」
　むすめ「ううん，買ったの」
　1　私は学校に行くわ。
　2　日曜日に。
　3　買ったの。
　4　私はそれを気に入ったわ。
解説 ▶「～を買った」と表現したいときは，元の形の buy を大きく変えて bought にします。このように，-ed を付けるという決まりに従わない動詞もたくさんあるのです。

いざ本番 次の会話について，（　　　）に入れるのに最も適切なものを 1, 2, 3, 4 の中から一つ選び，その番号のマーク欄をぬりつぶしましょう。

Girl : I was in Okinawa with my family this summer.

Boy : How nice! Did you swim in the sea?

Girl : Yes, (　　　　)

1 in Winter.　　2 I swam many times.

3 I'm swimming.　　4 I don't know.

 ⇒訳と解説は69ページにあります。

マーク欄
 ① ② ③ ④

　⇒答えは32ページ

準備運動 イラストを参考にしながら対話と応答を聞き，最も適切な応答を放送される **1, 2, 3** の中から一つ選びなさい。

★ : What did you do yesterday?

☆ : I went to Miki's birthday party.

★ : How was it?

1　It is sunny.

2　For homework.

3　I enjoyed it very much.

> 昨日の誕生日パーティーが
> 話題になっているね

答え

訳 ▶ ★:「昨日は何をしたの？」

☆:「私は，ミキの誕生日パーティーに行ったのよ」

★:「それはどうだった？」

1　天気がいいわね。

2　宿題のためよ。

3　とても楽しんだわ。

解説 ▶ enjoy は過去のことを表す場合，**-ed** を付ける動詞です。動詞はたくさんあるので，全ての動詞について **-ed** が付くかどうか一度に覚えようとせず，1つずつ覚えていきましょう。

いざ本番 イラストを参考にしながら対話と応答を聞き，最も適切な応答を放送される **1, 2, 3** の中から一つ選び，その番号のマーク欄をぬりつぶしましょう。

18

> マーク欄
> ① ② ③

> ⇒放送文・訳・解説は69ページにあります。

LESSON 3　やってみよう！1の答え　準備運動 1，いざ本番 3　やってみよう！2の答え　準備運動 3，いざ本番 2

規則動詞と不規則動詞

🌀 日本語でも, 過去のことを話すときは,「食べる→食べた」「見る→見た」のように動詞の形が変わりますね。英語でも動詞の形を見れば, それが今のことか過去のことかがわかるようになっています。

🌀 英語では, 過去形の作り方によって, 一般動詞を2つのタイプに分けることができます。1つは, 動詞の後ろに −ed を付けるのでしたね。これはルールを当てはめるやり方なので「規則動詞」と呼びます。そして,「やってみよう！2」に出てきた buy（買う）→ bought（買った）のように −ed が付かない動詞は「不規則動詞」と呼びます。文の中に出てきたとき, −ed が付いていたら, 過去のことだとすぐにわかりますが, 不規則動詞はそうではないので, たくさん聞いたり見たりして, 少しずつ慣れていきましょう。もし辞書が使えたら, 今日自分がしたことを思い返して, 英語で何と言うか, そしてその動詞が規則動詞なのか不規則動詞なのか, 調べてみてもいいですね。

聞いてみよう！ くり返してみよう！

MP3 アプリ **19**

look	I <u>looked</u> at the clock. 私は時計を見ました。	send	I <u>sent</u> a letter to my friend. 私は友達に手紙を送りました。
finish	He <u>finished</u> his homework. 彼は宿題をやり終えました。	become	They <u>became</u> angry. 彼らは腹を立てました。
drop	I <u>dropped</u> my handkerchief. 私はハンカチを落としました。	forget	He <u>forgot</u> his bag. 彼はかばんを忘れました。
ask	You <u>asked</u> a question. あなたは質問をしました。	swim	She <u>swam</u> yesterday. 彼女は昨日泳ぎました。

おまけ問題

線でつなごう

1. take（取る）   •   • began
2. begin（始める）   •   • came
3. talk（話す）   •   • arrived
4. come（来る）   •   • took
5. arrive（とう着する）   •   • talked

答え
①take — took ②begin — began ③talk — talked ④come — came ⑤arrive — arrived

わかる単語を増やしていこう

動画はコチラ!

ここでは，4級によく出る単語を学びましょう。まずは音声を聞いて，クイズにチャレンジしてみましょう。続いて，右のページでよく出る単語を音声を聞きながら確認しましょう。覚えた単語の□には☑を付けましょう。

クイズ どっちの単語かな？

読まれていると思う方の単語を○で囲みましょう。

MP3 アプリ
20

1  (cap)   (map)

2 (train)   (truck)

3 (summer)   (fall)

4 (visit)   (give)

5 (before)   (after)

答え

1 map 　放送文▶ Look at the map. (地図を見なさい。)

2 train 　放送文▶ I went to my friend's house by train. (私は友達の家に電車で行きました。)

3 summer 　放送文▶ My favorite season is summer. (私の一番好きな季節は夏です。)

4 give 　放送文▶ I will give you a present. (あなたにプレゼントをあげます。)

5 after 　放送文▶ We had a party after school. (放課後，私達はパーティーをしました。)

ものなどを表す言葉

- [ ] apartment
  アパート
- [ ] concert
  コンサート
- [ ] contest
  コンテスト
- [ ] fish
  魚
- [ ] food
  食べ物
- [ ] movie
  映画

- [ ] practice
  練習
- [ ] today
  今日
- [ ] tomorrow
  明日
- [ ] umbrella
  かさ
- [ ] uncle
  おじ
- [ ] yesterday
  昨日

動作を表す言葉

- [ ] arrive 過 arrived
  到着する
- [ ] begin 過 began
  ～を始める
- [ ] buy 過 bought
  ～を買う
- [ ] enjoy 過 enjoyed
  ～を楽しむ
- [ ] find 過 found
  ～を見つける

- [ ] forget 過 forgot
  ～を忘れる
- [ ] make 過 made
  ～を作る
- [ ] say 過 said
  ～と言う
- [ ] work 過 worked
  働く
- [ ] write 過 wrote
  ～を書く

その他の言葉

- [ ] ago
  ～前に
- [ ] because
  なぜなら
- [ ] busy
  いそがしい
- [ ] but
  だけど, しかし
- [ ] difficult
  難しい
- [ ] famous
  有名な

- [ ] favorite
  一番好きな
- [ ] interesting
  興味深い
- [ ] near
  ～の近くに
- [ ] short
  短い
- [ ] so
  そこで, だから
- [ ] usually
  たいてい, ふつう

LESSON 4 「～した？」「～しなかった」という表現

〈動詞の過去形／疑問形と否定形〉

過去のことについて，「～した？」と質問したり，「～しなかった」と否定したりしたいこともありますね。イラストの男の子も「～しなかった」と答えています。現在形の「～するの？」，「～しない」という表現とよく似ていますよ。

Did you break it?
No, I didn't.

「あなたがそれをこわしたの？」
「ううん，ぼくがやったんじゃないよ」

やってみよう！1 ⇒答えは34ページ

準備運動 音声を聞いて，次の（   ）に入れるのに最も適切なものを **1**，**2**，**3**，**4** の中から一つ選びなさい。

A : Did you（   ）your soccer ball at this store?

B : Yes, I did.

1 bought   **2** buy   **3** buying   **4** buys

疑問文になっていることに注意して答えてね！

答え

> **訳** ▶ A「君はこのお店でサッカーボールを買ったの？」 B「そうだよ」

> **解説** ▶ 現在形なら **Do you buy ...?** となりますが，過去形では **Do** の代わりに **Did** を使います。「～を買う」の部分は，動詞の元の形になることに注意します。

いざ本番 次の（   ）に入れるのに最も適切なものを **1**，**2**，**3**，**4** の中から一つ選び，その番号のマーク欄をぬりつぶしましょう。

A : Did Mary（   ）to school yesterday?

B : Yes, she did.

1 comes   **2** coming   **3** come   **4** came

マーク欄
① ② ③ ④

⇒訳と解説は69ページにあります。

LESSON 3 やってみよう！3の答え 準備運動 3，いざ本番 1

やってみよう！2 　⇒答えは34ページ

準備運動 音声を聞いて，次の会話について，（　　　）に入れるのに最も適切なものを
1, **2**, **3**, **4** の中から一つ選びなさい。

Boy : Did you go to the movie with your family?

Girl : (　　　　　) I played with my cat.

1 I don't go. 　　**2** No, I didn't.

3 You don't go. 　　**4** You didn't go.

質問に対して女の子が
2文目で答えたことが
ヒントだね

答え

訳▶ **男の子**「君は家族といっしょに映画に行ったの？」
　女の子「いいえ，行かなかったわ。私は私のネコと遊んだの」
　1 私は行かないわ。
　2 いいえ，私は行かなかったわ。
　3 あなたは行かないわ。
　4 あなたは行かなかったわ。

解説▶ **do not** を短くした形は **don't** でしたね。過去形は **did not** を短くした形の **didn't** で，「～しなかった」ということを表します。音声をよく聞いて，くり返して言ってみましょう。

いざ本番 次の会話について，（　　　）に入れるのに最も適切なものを **1**, **2**, **3**, **4** の中から一つ選び，その番号のマーク欄をぬりつぶしましょう。

Mother : Did you send a letter to Grandpa yesterday?

　Son : (　　　　) I'll send it tomorrow.

1 He doesn't send. 　　**2** I don't send.

3 No, I didn't. 　　**4** He didn't send.

⇒訳と解説は69ページにあります。

マーク欄
① ② ③ ④

 **やってみよう！3** ⇒答えは36ページ

 **準備運動** イラストを参考にしながら対話と応答を聞き，最も適切な応答を放送される**1**, **2**, **3**の中から一つ選びなさい。

☆ : Did you enjoy the zoo?

★ : Yes, I did.

☆ : What animals did you like the best?

1　No, I didn't.

2　I liked the lions.

3　It was fun.

話題になっているのは動物のことよ

答え

訳 ▶ ☆：「あなたは動物園を楽しんだ？」

★：「うん，楽しんだよ」

☆：「あなたは何の動物が一番気に入った？」

1　ううん，しなかったよ。

2　ライオンが気に入ったよ。

3　楽しかったよ。

解説 ▶ 動物園にいる動物の中で，ライオンが気に入ったのですね。Whatで始まる質問に対しては，「ライオンが気に入った」のように，「何が」という部分がはっきり伝わるように答えます。

 **いざ本番** イラストを参考にしながら対話と応答を聞き，最も適切な応答を放送される**1**, **2**, **3**の中から一つ選び，その番号のマーク欄をぬりつぶしましょう。

MP3 アプリ
28

⇒放送文・訳・解説は69ページにあります。

 マーク欄
① ② ③

LESSON 4　やってみよう！1の答え　準備運動 2，いざ本番 3　　やってみよう！2の答え　準備運動 2，いざ本番 3

過去の否定形と疑問形

🌸 「～しなかった」という表現は，〈did not［didn't］＋動詞の元の形〉で表します。動詞の元の形を使う点が重要で，うっかり過去形を使わないように注意しましょう。規則動詞も不規則動詞も，全て元の形を使います。

🌸 「～したの？」という表現も同じように，Did で始まる文で動詞の元の形を使います。苦労して動詞の過去形を覚えたので，過去形を使ってしまいそうになりますが，過去の否定文と疑問文では did を使い，動詞は元の形になることをしっかり覚えておきましょう。

🌸 「何をしたの？」とか「どこへ行ったの？」と言うときは，文の初めに What や Where を付けて，What did you do? や Where did you go? と言います。ちょっと混乱してきた人は，What や Where を使った現在形の疑問文の作り方を復習しておきましょう。

MP3 アプリ 29

聞いてみよう！ くり返してみよう！

I didn't cry, but she cried.　Did you cry?
私は泣きませんでしたが，彼女は泣きました。あなたは泣きましたか。

You didn't come, but he came.　Did she come?
あなたは来ませんでしたが，彼は来ました。彼女は来ましたか。

We didn't study, but they studied.　Did you study?
私達は勉強しませんでしたが，彼らは勉強しました。あなた達は勉強しましたか。

おまけ問題

リコとヒロ，お手伝いをしたのはどっち？

> I cleaned my room.
> I helped my mother.
> I didn't break the pot.

リコ

> I didn't clean my room.
> I didn't help my mother.
> I broke the pot.

ヒロ

答えと訳

リコ 「私は自分の部屋をそうじしました」／「私はお母さんのお手伝いをしました」／「私はつぼをこわしませんでした」

ヒロ 「ぼくは自分の部屋をそうじしませんでした」／「ぼくはお母さんのお手伝いをしませんでした」／「ぼくはつぼをこわしました」

答え：リコ

「～する予定」「～するつもり」という表現
〈未来を表す形〉

今のこと，昔のことを表現できるようになりました。次は，これからのことです。未来のことを表す表現は2つあります。1つは〈will＋動詞の元の形〉，もう1つは〈be動詞＋going to＋動詞の元の形〉です。何度も聞いて慣れておきましょう。

I <u>will</u> help you!

「私が君を助けるぞ！」

MP3 **アプリ**
30

MP3 **アプリ**
31

やってみよう！1　⇒答えは38ページ

 **準備運動**　音声を聞いて，次の（　　　　）に入れるのに最も適切なものを **1**，**2**，**3**，**4** の中から一つ選びなさい。

Susan（　　　　） leave Japan for China tomorrow.

1　is going to　　　**2**　am going to　　　**3**　goes to　　　**4**　go to

主語によって be動詞が
変わることを思い出してね！

答え

訳 ▶ スーザンは明日，中国に向けて日本を出発する予定です。
解説 ▶ 未来のことを言っているので，〈be動詞＋going to〉を入れます。スーザンは第三者なので，be動詞が is になっている is going to を選びます。

 **いざ本番**　次の（　　　　）に入れるのに最も適切なものを **1**，**2**，**3**，**4** の中から一つ選び，その番号のマーク欄をぬりつぶしましょう。

I（　　　　） clean my room next Saturday.

1　go to　　　　　**2**　are going to

3　went to　　　　**4**　am going to

⇒訳と解説は70ページにあります。

マーク欄
① ② ③ ④

LESSON 4　やってみよう！3の答え　準備運動 2，いざ本番 1

36

 **やってみよう! 2** ⇒答えは38ページ

👤 **準備運動** 音声を聞いて,次の会話について,(　　　)に入れるのに最も適切なものを
1, **2**, **3**, **4** の中から一つ選びなさい。

Daughter : Dad, I don't understand my math homework.

　　　　　　Will you help me?

Father : I'm too sleepy. (　　　　)

1　I want a book.　　　**2**　I will help you tomorrow.

3　See you soon.　　　**4**　Next weekend.

 未来のことを表す言い方
に注意しようね。

答え

訳 ▶ むすめ「お父さん,算数の宿題がわからないの。私を手伝ってくれる?」
　　　お父さん「父さんはねむ過ぎるんだ。明日手伝ってあげるよ」
　　1　私は本が欲しい。
　　2　明日手伝ってあげるよ。
　　3　じゃあまたね。
　　4　今度の週末に。

解説 ▶ お父さんが実際に手伝うのは今より先のことなので, will を使って表現します。なお, むすめは
お父さんに **Will you help me?** と言っていて, ここでも will が使われていますが, この **Will you
...?** は「～してくれませんか」とお願いするときの決まり文句です。

👤 **いざ本番** 次の会話について,(　　　)に入れるのに最も適切なものを **1**, **2**, **3**, **4** の中か
ら一つ選び, その番号のマーク欄をぬりつぶしましょう。

Boy : I have to take a bus today. When will the next bus come?

Girl : Wait a minute! (　　　　)

1　I will check.　　　**2**　I hope so.

3　It's a good idea.　　**4**　Sure.

⇒訳と解説は70ページにあります。

 マーク欄
① ② ③ ④

やってみよう！3 ⇒答えは40ページ

準備運動 イラストを参考にしながら対話と応答を聞き，最も適切な応答を放送される
1, **2**, **3** の中から一つ選びなさい。

★ : Do you want to play baseball tomorrow?

☆ : Yeah. Let's meet at the park at 10:00.

★ : Sure, I will bring my bat.

  Can you bring something?

1 It's a nice day.

2 I will bring my ball.

3 I will have ice cream.

will は未来の予定を
表すのよね

答え

訳 ★ :「明日，野球をしない？」

  ☆ :「そうね。10 時に公園で会いましょう」

  ★ :「いいよ，ぼくはバットを持って行くよ。君は何か持って来られる？」

1 天気のいい日ね。

2 私はボールを持って行くわ。

3 私はアイスクリームを食べるわ。

解説 遊びの相談がまとまりました。明日のことを話しているので，will を使います。もう１人いたら
何を持って来るでしょうか。その子になったつもりで，文を思いうかべてみましょう。

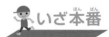

いざ本番 イラストを参考にしながら対話と応答を聞き，最も適切な応答を放送される
1, **2**, **3** の中から一つ選び，その番号のマーク欄をぬりつぶしましょう。

MP3 アプリ
34

⇒放送文・訳・解説は70ページにあります。

マーク欄
① ② ③

LESSON 5 やってみよう！1の答え 準備運動 1，いざ本番 4 やってみよう！2の答え 準備運動 2，いざ本番 1

38

未来を表す will と〈be動詞＋going to〉

🌼 未来のことを表現するとき，will と〈am / is / are＋going to〉の2種類の言い方があります。どちらの言い方でも，動詞は元の形を使います。両方の表現にたくさんふれて，慣れるようにしましょう。

🌼 また，「明日は行かない」のような否定の表現をするときは，I will not go tomorrow. / I am not going to go tomorrow. のように，will や be動詞の後に not を入れます。will not は短くして won't とも言います。「～が欲しい」と言うときの want とまちがえないようにしましょう。

🌼 「明日行きますか」と質問するときはどう言うと思いますか。この場合は Will you go tomorrow? か，Are you going to go tomorrow? となります。

MP3 アプリ
35

聞いてみよう！くり返してみよう！

I <u>will wash</u> the potatoes. I <u>will boil</u> the potatoes. I <u>will make</u> potato salad.
私はじゃがいもを洗います。私はじゃがいもをゆでます。私はポテトサラダを作ります。

I <u>won't make</u> sandwiches.
私はサンドイッチを作りません。

My mother <u>is going to play</u> tennis tomorrow. What <u>is</u> my father <u>going to do</u> tomorrow?
私のお母さんは明日テニスをする予定です。私のお父さんは明日何をするのでしょうか。

おまけ問題

どっちを選ぶ？

今週末のあなたの予定を教えて。Yes. か No. を選んで○を付けてね。

1️⃣ **Are you going to play soccer?**　（ Yes. / No. ）

2️⃣ **Are you going to read books?**　（ Yes. / No. ）

3️⃣ **Are you going to sleep all day?**　（ Yes. / No. ）

訳

1️⃣ あなたはサッカーをする予定ですか。　2️⃣ あなたは本を読む予定ですか。

3️⃣ あなたは一日中ねる予定ですか。

LESSON 6

「～すること」という表現（ひょうげん）

〈to＋動詞（どうし）〉と〈動詞（どうし）＋ing〉

「料理（りょうり）をすることが好（す）きだ」「ギターをひくことを楽（たの）しむ」のように、「～すること」について表現（ひょうげん）するときもありますね。英語（えいご）では、動詞（どうし）の前（まえ）に to を付（つ）けるか、動詞（どうし）の後（うし）ろに -ing を付（つ）けて、「～すること」を表（あらわ）します。イラストの2人（ふたり）が好（す）きなことは何（なん）でしょうか。

I like <u>to climb</u> trees.
I like <u>reading</u> books.

MP3 アプリ 36

「ぼくは木（き）に登（のぼ）ることが好（す）き」
「私（わたし）は本（ほん）を読（よ）むことが好（す）き」

MP3 アプリ 37

やってみよう！1 ⇒答（こた）えは42ページ

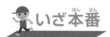 **準備運動（じゅんびうんどう）** 音声（おんせい）を聞（き）いて、次（つぎ）の（　　　　）に入（い）れるのに最（もっと）も適切（てきせつ）なものを **1**, **2**, **3**, **4** の中（なか）から一（ひと）つ選（えら）びなさい。

Mike enjoys (　　　　) his mother on weekends.

1 helping **2** help **3** helps **4** helped

「手伝（てつだ）うことを楽（たの）しむ」と言（い）っているみたいね

答（こた）え

訳（やく） ▶ マイクは毎週末（まいしゅうまつ）にお母（かあ）さんを手伝（てつだ）うことを楽（たの）しみます。

解説（かいせつ） ▶ 「お手伝（てつだ）いすること」を楽（たの）しむと言（い）っているので、-ing の付（つ）いている helping を選（えら）びます。この -ing の形（かたち）は、「今（いま）～しているところ」と言（い）うときも使（つか）いますね。混乱（こんらん）しないように注意（ちゅうい）しましょう。

いざ本番（ほんばん） 次（つぎ）の（　　　　）に入（い）れるのに最（もっと）も適切（てきせつ）なものを **1**, **2**, **3**, **4** の中（なか）から一（ひと）つ選（えら）び、その番号（ばんごう）のマーク欄（らん）をぬりつぶしましょう。

My hobby is (　　　　) the piano.

1 play **2** playing
3 played **4** plays

⇒訳（やく）と解説（かいせつ）は70ページにあります。

マーク欄（らん）
① ② ③ ④

LESSON 5 やってみよう！3の答（こた）え 準備運動（じゅんびうんどう）2，いざ本番（ほんばん）3

やってみよう！2 ⇒答えは42ページ

準備運動 音声を聞いて，日本文の意味を表すように①から⑤までを並べかえて □ の中に入れなさい。そして，２番目と４番目にくるものの最も適切な組み合わせを**1**, **2**, **3**, **4** の中から一つ選びなさい。

来年，北海道に行くときに，私はクマを見たいです。
(① want ② see ③ bears ④ to ⑤ I)

	2番目		4番目	
					when I go to Hokkaido next year.

1 ①−② **2** ②−③ **3** ③−④ **4** ④−⑤

「見たい」は「見ることをしたい」ってことだよね

答え

正しい文 ▶ (I want to see bears) when I go to Hokkaido next year.

解説 ▶ 「犬が欲しい」は英語で言うと I want a dog. ですね。「〜したい」と言うときも want を使います。「見たい」をちょっと分解すると，「見ることを欲しがっている」ということなので，want の後に〈to＋動詞〉を入れます。

いざ本番 日本文の意味を表すように①から⑤までを並べかえて □ の中に入れなさい。そして，２番目と４番目にくるものの最も適切な組み合わせを**1**, **2**, **3**, **4** の中から一つ選び，その番号のマーク欄をぬりつぶしましょう。

エマは先月，ドラムを練習し始めました。
(① practice ② began ③ the drums ④ to ⑤ last)

Emma □ □ □ □ □ month.

1 ②−⑤ **2** ①−④ **3** ④−③ **4** ②−③

⇒訳と解説は70ページにあります。

マーク欄
① ② ③ ④

準備運動 イラストを参考にしながら対話と応答を聞き, 最も適切な応答を放送される
1, **2**, **3** の中から一つ選びなさい。

★ : You speak English well, Maki.

☆ : Thank you, Mr. Green.

★ : When did you start learning it?

1 Two years ago.

2 Twice a week.

3 On Mondays.

did you ...? という
部分に注目してね

答え

| 訳 | ★ : 君は英語を上手に話すね, マキ。

☆ : ありがとうございます, グリーン先生。

★ : 君はいつ英語を習い始めたんだい？

1 2年前に。

2 週に2回。

3 毎週月曜日に。

| 解説 | 「英語を習うこと」を始めたのはいつだったのかをきいています。グリーン先生の **When did you start learning it?** という表現をしっかり理解しましょう。「2年前に」始めたと言っている **1** が正解です。

いざ本番 イラストを参考にしながら対話と応答を聞き, 最も適切な応答を放送される
1, **2**, **3** の中から一つ選び, その番号のマーク欄をぬりつぶしましょう。

MP3 アプリ
40

⇒放送文・訳・解説は70ページにあります。

マーク欄
① ② ③

LESSON 6　やってみよう！1の答え　準備運動 1, いざ本番 2　やってみよう！2の答え　準備運動 1, いざ本番 3

42

〈to＋動詞〉と〈動詞＋ing〉

🌼 ここでは「～すること」を表す〈to＋動詞の元の形〉と〈動詞の元の形＋ing〉について学びました。これから, これらの形にもっと色々な使い方があることを勉強するので, 楽しみにしていてください。

🌼 いつ〈to＋動詞の元の形〉を使って, いつ〈動詞の元の形＋ing〉を使うのか, 不思議に思っている人もいるかもしれませんね。実は前にくる動詞によって決まるのですが, それはこれから順番に勉強していきましょう。英検4級では, どちらかを選ばなければならない問題は出ないので, 安心してください。

🌼 自分が好きなことをいくつか考えてみましょう。I like to (　　). の (　　) に入る動詞がたくさんある人は, 毎日が楽しいでしょうね。自分で言えることをどんどん言ってみましょう。

MP3 アプリ
41

聞いてみよう! くり返してみよう!

I enjoy playing the piano.
私はピアノをひくことを楽しみます。

My brother enjoys watching TV.
私の兄[弟]はテレビを見ることを楽しみます。

My sister enjoys singing songs.
私の姉[妹]は歌を歌うことを楽しみます。

I like to walk in the park.
私は公園の中を歩くことが好きです。

My brother likes listening to music.
私の兄[弟]は音楽を聞くことが好きです。

My sister likes to watch movies.
私の姉[妹]は映画を見ることが好きです。

おまけ問題

どっちを選ぶ?

自分に当てはまるものに〇を付けよう。

1. I like to play basketball. (　　)
2. I want to go to Canada. (　　)
3. I enjoy dancing. (　　)

訳

1. 私はバスケットボールをすることが好きです。
2. 私はカナダへ行きたいです。
3. 私はダンスをすることを楽しみます。

4級に出てくる熟語をよく知ろう

動画はコチラ！

単語が2つ以上くっついて1つの意味になるものを熟語といいます。
まずは音声を聞いて，クイズにチャレンジしてみましょう。続いて，右のページで
よく出る熟語を確認しましょう。覚えた熟語の□には☑を付けましょう。

クイズ どっちの熟語かな？

読まれていると思う方の熟語を○で囲みましょう。

MP3 アプリ
42

1 (look at)　　 (look for)

2 (take a bath)　　(take a picture)

3 (stay in)　　(stay with)

4 (get on)　　(get up)

5 (for a moment)　　(for a long time)

答え

1 look for　　放送文 ▶ He is looking for his glasses. （彼はめがねを探しています。）

2 take a picture　　放送文 ▶ Let's take a picture. （写真をとりましょう。）

3 stay in　　放送文 ▶ My dog likes to stay in the doghouse. （私の犬は犬小屋にいることが好きです。）

4 get up　　放送文 ▶ Tim got up at 6:00. （ティムは6時に起きました。）

5 for a moment　　放送文 ▶ Please stay here for a moment. （少しの間ここにいてください。）

☐ **a kind of ...**
ある種類の〜

☐ **a lot of ...**
たくさんの〜

☐ **all over the world**
世界中で

☐ **ask for help**
助けをたのむ

☐ **at once**
すぐに

☐ **be good at ...**
〜が上手である

☐ **be good for ...**
〜（のため）に良い

☐ **be interested in ...**
〜に興味がある

☐ **become friends with ...**
〜と友達になる

☐ **believe in ...**
〜を信じる

☐ **for example**
例えば

☐ **from A to B**
A から B まで

☐ **get home**
家に着く

☐ **get to ...**
〜に着く

☐ **give up**
あきらめる

☐ **go on a trip (to ...)**
（〜へ）旅行に行く

☐ **have a cold**
かぜを引いている

☐ **have a good idea**
良い考えがある

☐ **have a good time**
楽しい時間を過ごす

☐ **have a hard time**
大変な時間を過ごす

☐ **hear about ...**
〜について聞く

☐ **in the future**
将来

☐ **leave A for B**
B に向けて A をはなれる, 出発する

☐ **listen to ...**
〜を聞く

☐ **look for ...**
〜を探す

☐ **look like ...**
〜に似ている

☐ **more and more**
ますます

☐ **once again**
もう1度

☐ **say goodbye to ...**
〜にさよならを言う

☐ **say hello to ...**
〜によろしくと言う

☐ **slow down**
速度を落とす

☐ **take a picture**
写真をとる

☐ **take a shower**
シャワーを浴びる

☐ **take a walk**
散歩をする

☐ **talk about ...**
〜について話す

☐ **wait for ...**
〜を待つ

掲示板の情報を読み取る
〈筆記4Aにチャレンジ〉

みなさんの小学校にも色々なお知らせが掲示されると思います。
ここでは英語の掲示板に書かれた時刻や場所，持ち物などを読み取っていきます。
4Aは2問しかありません。どこにどんな情報が書かれているかがわかれば答えることができるので，掲示板の形式に慣れておきましょう。

MP3 **アプリ**
44

やってみよう！1

楽しそうなお知らせが張り出されています。音声を聞きながら，「いつ，どこで，だれが，何を」するのかが書かれていそうなところにマーカーを引いてみましょう。

SANDWICH PARTY!

The Cooking Club will have a sandwich party in the cooking room.

Date : Next Tuesday
Time : 4 p.m.
Cost : $10

Bring your own drinks. Please give the money to Kate Green by 2 p.m. on Monday. After we eat sandwiches, we will play table tennis. The party will end at 6 p.m.

⇒問題文の訳は48ページにあります。

みんなはどれくらい
引けたかな？

どのような部分にマーカーを引くのか，右のページの例を参考にしましょう。

掲示板の内容は色々なものが出題されるけど，形に決まりがあるからポイントをおさえておこう

SANDWICH PARTY!

The Cooking Club will have a sandwich party in the cooking room.

Date : Next Tuesday
Time : 4 p.m.
Cost : $10

こんなふうにマーカーで色を付けてみよう！

Bring your own drinks. Please give the money to Kate Green by 2 p.m. on Monday. After we eat sandwiches, we will play table tennis. The party will end at 6 p.m.

やってみよう！2

掲示板の中の数字が，時刻なのか，人数なのか，値段なのかなどを考えながら読みましょう。

[date 日にち] [time 時刻] [when いつ] [a.m. 午前] [p.m. 午後]

[where どこで] [room 部屋] [price 値段] [cost 費用] [$ ドル]

やってみよう！3　⇒答えは51ページ

今度は質問文に注目してみましょう。上の掲示板だったら，どんな質問が出ると思いますか。それぞれの質問に対して，**1**，**2**，**3**，**4** の中から正しいと思うものを一つ選び，その番号のマーク欄をぬりつぶしましょう。

1 What time will the party start?
　1 2 p.m.　　**2** 4 p.m.　　**3** 5 p.m.　　**4** 6 p.m.

マーク欄
① ② ③ ④

2 When is the sandwich party?
　1 Next Monday.　　**2** Next Wednesday.
　3 Next Friday.　　**4** Next Tuesday.

マーク欄
① ② ③ ④

3 Where will the Cooking Club have a party?

1 In the gym. **2** In the music room.

3 In the science room. **4** In the cooking room.

解説 ▶ **1** は **What time ...?**「何時～？」ときいています。本文をよく見て答えます。**2** は何をきいているかわかりましたか。**When ...?**「いつ～？」ときいています。**3** はパーティーの場所をきいています。

 1～**3**の問題はできましたか。それでは, **4**, **5**の質問にも答えてみましょう。

4 What should people bring to the party?

1 Money. **2** Dogs.

3 Snacks. **4** Drinks.

5 What will the people do after they eat sandwiches?

1 Play table tennis. **2** Play with dogs.

3 Have some drinks. **4** Cook dinner.

解説 ▶ 両方とも, **What** で始まる質問文です。質問文の中の単語をよく見てから本文をしっかり見直して答えを探します。

サンドイッチ・パーティー！

料理クラブはサンドイッチ・パーティーを調理室で開きます。

日にち：今度の火曜日
時刻 ：午後4時
費用 ：10ドル

各自飲み物を持って来てください。お金は月曜日の午後2時までにケイト・グリーンにわたしてください。サンドイッチを食べた後は, 卓球をします。パーティーは午後6時に終わります。

LESSON 6 やってみよう！3の答え 準備運動 1, いざ本番 3

48

Eメールの文章を読む
〈筆記4Bにチャレンジ〉

英検4級にはEメールや手紙の内容を読み取る問題があります。
ここでは，よく出題されるEメールの表現を紹介します。自分で英語のEメールを書くとき
に備えて慣れておきましょう。

やってみよう！1

MP3 アプリ 45

音声を聞きながら，AとBの2つのEメールを見てみましょう。

A

From: Mike Williams
To: Hiroshi Imai
Date: April 20
Subject: Tennis racket

Dear Hiroshi,
Yesterday, I went to a department store to buy a tennis racket. But the department store was closed and I couldn't buy one. I will go to a tennis camp for beginners this weekend. Can I use your racket this weekend?
Your friend,
Mike

B

From: Hiroshi Imai
To: Mike Williams
Date: April 23
Subject: Re: Tennis racket

Hi Mike,
How are you? I got your e-mail. Of course you can use my tennis racket. I don't play tennis often. These days, I play table tennis with my brother every day. Table tennis is fun! I will bring my tennis racket to school tomorrow.
See you,
Hiroshi

⇒問題文の訳は51ページにあります。

(Ⓐ)はマイクからヒロシに送られた相談のEメール，(Ⓑ)はヒロシからマイクへの返信のEメールです。両方とも，本文の前に **From:** や **To:** などの同じ表現があるのがわかりますね。Eメールには決まった形があり，本文の前に「だれが」「だれに」「いつ」「何について」書いたのかがまとまって書かれています。また，最後にはあいさつと書いた人の名前を書いてしめくくります。

やってみよう！2

Eメールや手紙の表現を見てみましょう。

From = 差出人
To = 受取人
Date = 日付
Subject = 件名

Dear ○○ = 親愛なる○○さん

Eメールはだれがだれに書いたかが大事だよ。左のポイントをおさえておこう

よく使われる最後のあいさつ

Sincerely, **Your friend**, **Yours**, **See you**, **See you soon**,
See you tomorrow, **See you then**, **Love**, **Thanks**　など

やってみよう！3　⇒答えは54ページ

2人のやり取りの内容はわかりましたか。続いて，質問文に答えてみましょう。正しいと思うものを **1**, **2**, **3**, **4** の中から一つ選び，その番号のマーク欄をぬりつぶしましょう。

 Who will go to the tennis camp?

1 Hiroshi.　　　　**2** Mike's brother.

3 Hiroshi's brother.　　**4** Mike.

When is the tennis camp?

1 Tomorrow.　　　**2** This weekend.

3 Next month.　　　**4** Next year.

What sport does Hiroshi play every day?

1 Basketball.　　　**2** Baseball.

3 Tennis.　　　　**4** Table tennis.

4 How will Mike get Hiroshi's racket?

1 Mike will buy a new racket.

2 Mike will go to Hiroshi's house.

3 Hiroshi will send it to Mike's home.

4 Hiroshi will bring it to school.

▶マーク欄
① ② ③ ④

解説▶ 何がきかれているかを教えてくれるのが, 質問文の初めの部分です。**1** は Who …?「だれ〜?」, **2** は When …?「いつ〜?」です。**3** は What sport …?「何のスポーツ〜?」, **4** は How …?「どうやって〜?」です。また, How は色々な言葉と組み合わさって, 様々な意味の質問になります。くわしくは 14 ページを見てください。

全文訳 A

Eメール（マイクからヒロシへ）

差出人：マイク・ウィリアムズ
受取人：ヒロシ・イマイ
日付：4月20日
件名：テニスラケット

親愛なるヒロシへ,
昨日, テニスラケットを買いにデパートへ行ったんだ。けど, デパートは閉まっていて, ラケットが買えなかったんだ。今週末に初心者向けのテニス合宿に行くんだ。今週末に君のラケットを使ってもいいかな？
君の友人,
マイク

全文訳 B

Eメール（ヒロシからマイクへ）

差出人：ヒロシ・イマイ
受取人：マイク・ウィリアムズ
日付：4月23日
件名：Re: テニスラケット

やあ, マイク,
元気かい？　Eメールを受け取ったよ。もちろんぼくのテニスラケットを使っていいよ。テニスはあまりやっていないんだ。近ごろは毎日, 兄［弟］と卓球をしているよ。卓球はおもしろいよ！　明日, 学校にぼくのテニスラケットを持って行くね。
それじゃ,
ヒロシ

LESSON 7　やってみよう！3の答え　**1** 2　**2** 4　**3** 4　**4** 4　**5** 1

51

長めの文を読む
〈筆記4Cにチャレンジ〉

英検4級には，少し長い文章を読んで答える問題が5問出題されます。
この問題は，本文を読み取るだけでなく，何をきかれているか，質問文も読み取らなければなりません。ここでは長めの文章を読んで答えることに慣れましょう。
順番に課題に取り組んで，きかれていることを見ていきましょう。

やってみよう！1

音声が次の文章を読んでくれますから，目で文を追っていきましょう。指でなぞってもかまいません。指でなぞり終えるのと音声が終わるタイミングが合うと，いい気分ですよ。

Living in Japan

Christopher is 10. He came to Nagano two years ago. His mother and father are English teachers. They came from San Francisco to work in Japan.

They live in the countryside near the mountains. Ms. Sato lives next door to them. She has a beautiful garden with a pond in it. She grows a lot of fruit and vegetables in her garden. Christopher likes to pick fruit with Ms. Sato. One day, when they were picking fruit together, she said, "Every season has different fruits and vegetables. Apples are winter fruit." Christopher said, "I didn't know that."

Ms. Sato gave some apples to Christopher. He said, "Thank you very much. My mother likes cooking. She will make an apple pie with them. When she bakes it, I will bring some for you!" Ms. Sato smiled and said, "That sounds great!"

第1段落　第2段落　第3段落

⇒問題文の訳は55ページにあります。

やってみよう！2

今度はイラストがありません。もう1度同じ文を聞きながら，重要だと思った言葉にマーカーを引いてみましょう。第1段落では，どのようにマーカーを引くのか例を示してあります。第1段落を参考にして，第2段落から実際に引いてみましょう。人の名前，数，地名，職業，くだもの，そして，おいしそうな食べ物も出てきますね。

Living in Japan

Christopher is 10. He came to Nagano two years ago. His mother and father are English teachers. They came from San Francisco to work in Japan.

They live in the countryside near the mountains. Ms. Sato lives next door to them. She has a beautiful garden with a pond in it. She grows a lot of fruit and vegetables in her garden. Christopher likes to pick fruit with Ms. Sato. One day, when they were picking fruit together, she said, "Every season has different fruits and vegetables. Apples are winter fruit." Christopher said, "I didn't know that."

Ms. Sato gave some apples to Christopher. He said, "Thank you very much. My mother likes cooking. She will make an apple pie with them. When she bakes it, I will bring some for you!" Ms. Sato smiled and said, "That sounds great!"

ぼくは, mountains や vegetables に引いたよ！あと apple pie もね！

いくつ引いたかな？ マーカーを引く言葉に決まりはないから，重要だと思ったら引いておこう

やってみよう！3　⇒答えは56ページ

今度は質問文に注目してみましょう。質問は，本文の流れに沿って出るので，初めの問題は文章の前の方，最後の問題は文章の後の方に注意を向けて答えましょう。

1 When did Christopher come to Nagano?

1 Two days ago.　　　　**2** Three weeks ago.

3 Two years ago.　　　**4** Three years ago.

マーク欄
① ② ③ ④

 解説 ▶ 質問では When ...?「いつ〜？」ときいているので，答えは時を表す表現です。質問文の中の **come to Nagano** を本文の中から探します。本文では過去形の **came to Nagano** とありますね。その文に答えがあるかもしれませんよ。

2 Christopher's mother and father work at

1 a department store.　　**2** a hospital.

3 a station.　　**4** a school.

▶マーク欄
① ② ③ ④

解説 ▶ 文を完成させる問題です。本文の中からクリストファーのお母さんとお父さんのことが書かれていそうなところを探します。teachers と出ていますね。ただし, 選択肢を見ても teachers は出てきません。work at ... は「〜で働いている」という意味ですから, 関連のありそうな「学校」を選びます。

3 Where does Christopher live?

1 Near the mountains.　　**2** Near the river.

3 Near the forest.　　**4** Near the lake.

▶マーク欄
① ② ③ ④

解説 ▶ Where ...?「どこ〜?」ときいているので, 場所が答えです。選択肢にはどれも Near ... と書かれているので, 本文からその部分を探してみましょう。

4 What did Ms. Sato give to Christopher?

1 Some oranges.　　**2** Some bananas.

3 Some peaches.　　**4** Some apples.

▶マーク欄
① ② ③ ④

解説 ▶ What ...?「何〜?」ときいています。質問と本文をよく見て, どこに答えが書かれているか, 見つけることができますか。どんなくだものの話をしているか, 探してみましょう。

5 What will Christopher's mother do with the apples?

1 She will go to the garden.

2 She will pick fruit.

3 She will drink apple juice.

▶マーク欄
① ② ③ ④

4 She will make an apple pie.

解説 ▶ What will ... do ...? という質問なので, 答えはこれからすることです。4つの選択肢はどれも正しいように思えますね。本文には garden も fruit も apple も出てきます。本文をよく見て選びましょう。

何がきかれてるか, すぐにわかる方法はないかな?

下にまとめてあるので, 確認しましょう。

Where ...? どこ〜?　　　　**When ...?** いつ〜?

What ...? 何〜?　　　　　**Why ...?** なぜ〜?

Who ...? だれ〜?　　　　**How ...?** どうやって〜?

日本に住む

　クリストファーは10才です。彼は2年前に長野に来ました。彼のお母さんとお父さんは英語の先生です。彼らは日本で働くためにサンフランシスコから来ました。

　彼らは山の近くにある田舎で暮らしています。サトウさんは彼らのとなりに住んでいます。彼女は池のある美しい庭を持っています。彼女は庭でたくさんのくだものや野菜を育てています。クリストファーは, サトウさんといっしょにくだものをつむのが好きです。ある日, 彼らがいっしょにくだものをつんでいたとき, サトウさんは「それぞれの季節に色々なくだものや野菜があるのよ。りんごは冬のくだものよ」と言いました。クリストファーは「それは知りませんでした」と言いました。

　サトウさんはクリストファーにいくつかのりんごをあげました。彼は「どうもありがとう。うちのお母さんは料理が好きです。お母さんは, このりんごでアップルパイを作るでしょう。パイを焼いたら, サトウさんにも持って来ますね!」と言いました。サトウさんはにっこり笑って, 「それはすばらしいわ!」と言いました。

会話の返事を考える
〈リスニング第1部にチャレンジ〉

リスニング第1部は，2人の会話を聞き，続く返事を選ぶ問題です。
会話の場面を表したイラストがあるので，どんな場面か思いうかべながら聞きましょう。
会話の流れと，最後に話す人が何を言ったかを注意して聞くことが大切です。

MP3 アプリ
48

やってみよう！1　⇒答えは58ページ

次の会話は，どの場面から聞こえてくる会話でしょうか。音声をよく聞いて，下の **A, B, C** のイラストから，当てはまるものを選びましょう。

1　*Boy* : We finished studying. I want to play sports.

　　Girl : How about playing tennis?

　　Boy : That's a good idea.

答え ☐

2　*Son* : Mom, you look busy. Can I help you?

　Mother : Thanks. Will you go and buy some milk?

　　Son : Sure.

答え ☐

3　*Man* : May I help you?

　　Girl : Yes. How much is this T-shirt?

　　Man : It's twenty dollars.

答え ☐

A 　　**B** 　　**C**

⇒訳は58ページにあります。

LESSON 9　やってみよう！3の答え　❶3　❷4　❸1　❹4　❺4

56

やってみよう！2 ⇒答えは58ページ

今度は正しい返事を選んでみましょう。2人の会話の後に，会話の返事が3つ放送されます。イラストを見ながら会話を聞いて，正しい返事のマーク欄をぬりつぶしましょう。

1

マーク欄
① ② ③

解説 ▶ Where で始まる質問に対しては，「どこに，どこで」という部分がはっきり伝わるように答えます。「あちらに」と少しはなれた場所を表したいときは over there を使います。

2

マーク欄
① ② ③

解説 ▶ リサが帰ってくるころに電話をかけ直すのがよさそうですね。I'll は I will を短くした形です。未来にしようとしていることなので will を使っています。May I speak to …? は，電話で「〜と話したいのですが」と言うときの決まり文句です。

⇒放送文と訳は58ページにあります。

ここがポイント！

リスニング第1部では，イラストを見て場面を思いうかべると，聞き取るときのヒントになります。だれとだれが話しているでしょうか。場所はどこでしょうか。電話やお店などでは，決まった言い方があります。音声を聞くときは，最後に話す人の言葉に特に気をつけましょう。「何」「どこ」「だれ」などの表現には，きかれていることがはっきりわかる返事を選びます。Do や Did, Will で始まる質問もあります。いつのことを質問されているのかわかるように，話し始めに注意して聞きましょう。

1 男の子「勉強が終わったね。スポーツがしたいな」
女の子「テニスをするのはどう？」
男の子「いい考えだね」

2 息子「お母さん, いそがしそうだね。何か手伝おうか？」
母親「ありがとう。牛乳を買いに行ってくれる？」
息子「いいよ」

3 男性「いらっしゃいませ, 何かお探しですか」
女の子「はい。このTシャツはいくらですか」
男性「20 ドルです」

1
☆ : Excuse me.
★ : Yes?
☆ : I want to go to the post office.
　　Where is it?
1　Of course.
2　No problem.
3　It's over there.

☆「すみません」
★「はい」
☆「郵便局に行きたいんです。
　　どこにありますか？」
1　もちろんです。
2　問題ありません。
3　あちらにありますよ。

2
★ : Hello.
☆ : Hello. This is Miki.
　　May I speak to Lisa?
★ : Sorry, she isn't home now.
1　You're welcome.
2　OK, I'll call back later.
3　What did you do?

★「もしもし」
☆「もしもし。ミキです。
　　リサと話したいのですが」
★「ごめんね, 今彼女は家にいないんだよ」
1　どういたしまして。
2　わかりました, 後でかけ直します。
3　あなたは何をしましたか。

LESSON 10　やってみよう！1の答え　❶ C　　❷ A　　❸ B　　やってみよう！2の答え　❶ 3　　❷ 2

58

LESSON 11 会話の内容を聞き取る
〈リスニング第2部にチャレンジ〉

2人の人が話している内容を聞き取るには, 2番目に話す人が賛成しているのか, 質問をしているのか, 単にあいづちを打っているのかなどを考えながら聞くようにしましょう。
そして, 会話に続く質問で何をきかれているのか, しっかりと聞き取ることが大切です。

やってみよう! 1

次の選択肢は, 何をきいている質問に対するものなのか, 考えてみましょう。

1
1 To a tennis school.　　**2** To a swimming pool.
3 To a piano concert.　　**4** To a piano lesson.

2
1 Every day.　　**2** On Mondays.
3 On Tuesdays.　　**4** On Sundays.

わかる単語はあるかな? ぼくはけっこうわかったよ

1は, きっと行き先をきいているのでしょう。その部分に注意して英文を聞きます。**2**は何をきいていそうですか。そう, 曜日ですね。曜日に注意して, 聞きもらさないようにします。

やってみよう! 2　⇒答えは61ページ

MP3 アプリ **50**

いよいよ質問に答える練習をしましょう。英文を聞いて, 正しいと思う選択肢を一つ選び, その番号のマーク欄をぬりつぶしましょう。

1
1 To a tennis school.　　**2** To a swimming pool.
3 To a piano concert.　　**4** To a piano lesson.

マーク欄
① ② ③ ④

解説 ▶ **Where ...?** 「どこ〜?」ときいていますね。piano lesson と言っていたのが聞き取れましたか。

2
1 Every day.　　**2** On Mondays.
3 On Tuesdays.　　**4** On Sundays.

マーク欄
① ② ③ ④

解説 ▶ **When ...?** 「いつ〜?」ときいています。every day (毎日) ではない, と言っていますね。何曜日だと言っていたかわかりましたか。

⇒放送文と訳は61ページにあります。

59

MP3 アプリ
51

 やってみよう！3 ⇒答えは62ページ

今度は違う問題で練習しましょう。選択肢を見て，聞き取るポイントを決めましょう。

1 The girl.　　　　　　**2** The boy.
3 The boy's grandmother.　**4** The boy's father.

次の会話には複数の人が登場するわ。
マーカーを引いてもいいかもね

では，英文を聞いて，正しいと思う選択肢を一つ選び，その番号のマーク欄をぬりつぶしましょう。

1 The girl.　　　　　　**2** The boy.
3 The boy's grandmother.　**4** The boy's father.

マーク欄
① ② ③ ④

解説▶ Who …?「だれ〜？」ときいていますね。made は make の過去形で「〜を作った」という意味です。男の子が作ったのではないと言っているのが聞こえましたか。

⇒放送文と訳は61ページにあります。

MP3 アプリ
52

 やってみよう！4 ⇒答えは62ページ

選択肢を見て，聞き取るポイントを決めましょう。

1 In a bookstore.　　　**2** In a restaurant.
3 In a post office.　　**4** In a flower shop.

選択肢の共通点は何だろう。
全て場所を表しているね

では，英文を聞いて，正しいと思う選択肢を一つ選び，その番号のマーク欄をぬりつぶしましょう。

1 In a bookstore.　　　**2** In a restaurant.
3 In a post office.　　**4** In a flower shop.

マーク欄
① ② ③ ④

選択肢の中の言葉は英文に出てきませんでしたね。質問文に注意してもう1度聞いてみましょう。

解説▶「話している2人はどこにいるのか」ときいています。落ちついて考えるとわかりますね。他に，「2人は何について話しているか」のような問題が出ることもあります。選択肢の中の言葉が会話の中から聞こえてこないときも，あわてずに，何をきかれているのかを考えましょう。

⇒放送文と訳は61ページにあります。

リスニングの第2部は 10 問あり, イラストはありません。ずっと聞き続けるのは大変だと思いますが, 確実に正解できそうな問題を中心に, しっかりと取り組むことが大切です。会話の後に放送される質問できかれていることに気を付けると, 会話の内容がわかりやすくなりますよ。また, 会話の中では birthday party と言っていたのに, 選択肢では party だけになっていたり, speech contest と言っていたのに, 選択肢では contest だけになっていたりすることもあるので, 注意しましょう。

やってみよう! 2

 放送文と訳

★ : Hi, Susan. Where are you going?
☆ : To a piano lesson.
★ : Do you have a piano lesson every day?
☆ : No. Only on Mondays.
① Question : Where is Susan going?
② Question : When does Susan have piano lessons?

★:「やあ, スーザン。どこへ行くんだい?」
☆:「ピアノのレッスンよ」
★:「ピアノのレッスンは毎日あるのかい?」
☆:「いいえ。毎週月曜日だけよ」
質問:「スーザンはどこへ行くところですか」
質問:「スーザンはいつピアノのレッスンがありますか」

やってみよう! 3

 放送文と訳

☆ : What is this beautiful cake for?
★ : It's for my grandma's birthday.
☆ : Great. Did you make it?
★ : No. My dad made it.
③ Question : Who made the cake?

☆:「このきれいなケーキは何のためなの?」
★:「おばあちゃんの誕生日のためだよ」
☆:「すごいわね。あなたが作ったの?」
★:「ううん。お父さんが作ったんだよ」
質問:「 だれがケーキを作りましたか」

やってみよう! 4

 放送文と訳

☆ : May I help you?
★ : Yes. I want some roses.
☆ : Are they for your mother?
★ : No. They are for my friend.
④ Question : Where are they talking?

☆:「いらっしゃいませ, 何かお探しですか」
★:「はい。バラが欲しいんです」
☆:「お母様のためですか」
★:「いいえ。友達のためです」
質問:「2人はどこで話していますか」

LESSON 12 まとまった英文の内容を聞き取る
〈リスニング第3部にチャレンジ〉

いよいよ最後のLESSONです。やや長めのまとまった文章を聞いて，質問への答えを選ぶ問題です。本番では10問とたくさん出ますので，集中するのが難しいかもしれませんが，とちゅうで気が散っても，また気持ちを引きしめて聞き続けましょう。

53

やってみよう！1

英文を聞きながら，聞き取れたことをメモしてみましょう。もちろん日本語で構いません。メモを取ることで，話の流れがつかみやすくなります。

> Memo

どんなことがメモできましたか。ブライアンという名前や，テニスボール，タオルなどでしょうか。

テニス，タオル，ラケットって言葉が聞こえたよね

全部聞き取れなくても，ポイントをしぼって聞き取れば大丈夫よ

54

やってみよう！2　⇒答え，放送文と訳は64ページ

今度は選択肢をよく見てみましょう。どんなことをきかれそうですか。ポイントをしぼって，英文を聞いてみましょう。今度は質問文もあります。

1　**1** Some tennis rackets and a towel.
　2 Some towels and tennis shoes.
　3 Some tennis balls and a tennis racket.
　4 Some tennis balls and a towel.

マーク欄
① ② ③ ④

解説 ▶ ブライアンが買ったものと買わなかったものを，メモを取るときに整理しておくと良いでしょう。彼は「テニスボール」と「タオル」を買い，「テニスラケット」は家にあるから買わなかったのでしたね。

LESSON 11　やってみよう！3の答え ③ 4　やってみよう！4の答え ④ 4

やってみよう！3 ⇒答え，放送文と訳は64ページ

同じようにメモを取りながら，英文を聞いてみましょう。本番と同じように選択肢が見えていますよ。

Memo

2

1 Write a story.   **2** Go to a bookstore.

3 Cook dinner.   **4** Go to a library.

マーク欄
① ② ③ ④

解説 ▶ 質問にある this afternoon「今日の午後」と同じ表現を使っていた部分に注意します。最初の方に，This afternoon と言っているところがありましたね。go to a library「図書館へ行く」がわかると正解を選べます。

ここがポイント！

🌸 少し長めの英文には，色々なタイプの流れがあります。「何と何と何を食べました」というような横並び型，「誕生日プレゼントがもらえたからうれしい」というような理由型，「初めに手を洗ってからおやつを食べようと思ったら，電話がかかってきた」というような時間の流れ型などです。

流れを作る言葉をいくつか紹介しますので，慣れておきましょう。英文の中ではそれほど強く読まれないので，注意して聞きましょう。

━━━ **聞いてみよう！くり返してみよう！** ━━━

56

but（だけど，しかし）	I like cats, <u>but</u> I don't like dogs. 私はネコは好きですが，犬は好きではありません。
so（そこで，だから）	I lost my pen, <u>so</u> I borrowed John's. 私はペンをなくしたので，ジョンの（ペン）を借りました。
because（なぜなら）	I am tired <u>because</u> I didn't sleep well. 私はよくねむらなかったので，つかれています。
after …（〜の後で）	<u>After</u> the concert, we went to a restaurant. コンサートの後で，私達はレストランへ行きました。
before …（〜の前に）	I washed my hands <u>before</u> I ate ice cream. 私はアイスクリームを食べる前に，手を洗いました。

1 Brian went shopping today.　He bought some tennis balls and a towel.
He didn't buy a tennis racket because he had one at home.
Question : What did Brian buy today?

ブライアンは今日, 買い物に行きました。彼はテニスボールとタオルを買いました。彼はテニスラケットは買いませんでした。家にあったからです。
質問：「ブライアンは今日, 何を買いましたか」

1　テニスラケットとタオル。	2　タオルとテニスシューズ。
3　テニスボールとテニスラケット。	4　テニスボールとタオル。

2 Nancy and Tom like reading books.　This afternoon, they'll go to a library and read books together.　After that, they will have dinner at Nancy's house.
Question : What will they do this afternoon?

ナンシーとトムは本を読むことが好きです。今日の午後, 彼らは図書館へ行き, いっしょに本を読む予定です。その後, 彼らはナンシーの家で夕食を食べます。
質問：「彼らは今日の午後, 何をする予定ですか」

1　物語を書く。	2　書店へ行く。
3　夕食を作る。	4　図書館へ行く。

LESSON 12　やってみよう！2の答え ❶ 4　　やってみよう！3の答え ❷ 4

64

色々な会話表現を使ってみよう

動画はコチラ！

4級には，会話形式の問題がたくさん出るので，
やりとりのパターンに慣れておきましょう。
言えるようになった表現の□には☑を付けましょう。

さそう・たのむ

MP3 アプリ 57

□
How about going to the library?
図書館に行くのはどうかな？
All right.
いいよ。

□
Do you want to come to the party?
パーティーに来ない？
Of course!
もちろん！

□
Would you like something to drink?
何か飲み物はいかがですか。
Yes, please.
はい，ください。

□
Let's buy it for Dad.
お父さんのためにそれを買おうよ。
Good idea!
良い考えだね！

□
Will you turn down the music?
音楽の音量を下げてくれるかしら？
OK, Mom.
いいよ，お母さん。

□
Can[Could] you read it for me?
それをぼくに読んでくれる［くれますか］？
Sure.
いいよ。

□
Can I use your eraser?
あなたの消しゴムを使ってもいい？
Yes. Here you are.
いいよ。はい，どうぞ。

あいさつ・あいづち

☐

How are you, Jane?
元気かい，ジェーン？

Fine. Thanks.
元気よ。ありがとう。

☐

Good bye.
さようなら。

See you tomorrow.
また明日会いましょう。

☐

Excuse me, where is the station?
すみませんが，駅はどこですか。

Over there.
あちらです。

感謝・おわび

☐

Thank you for your kindness.
親切にしてくださり，ありがとうございます。

You're welcome.
どういたしまして。

☐

I'm sorry, I am late.
おくれて，ごめんなさい。

No problem.
大丈夫ですよ。

電話でのやりとり

☐

Hello. This is Jack. May I talk to Hiro?
もしもし。ジャックです。ヒロと話したいのですが。

Sorry, he is not home now.
ごめんなさい，ヒロは今，家にいません。

わからないことをきく

 Where did you go on vacation?
休かでどこに行ったの？

I went to Sapporo.
札幌に行ったよ。

 When will you come home?
いつ家に帰ってくる？

Three o'clock.
3時だよ。

 What are you going to do next Sunday?
次の日曜は何をする予定？

Go shopping.
買い物に行くよ。

 How was the weather in your town?
君の町では天気はどうだった？

It was sunny.
晴れだったよ。

相手をほめる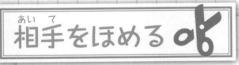

 Our team became the champion.
ぼく達のチームはチャンピオンになったよ。

That's wonderful!
それはすばらしい！

 How is my new haircut?
新しいかみ型，どうかな？

You look so nice!
すごくすてきだね！

67

LESSON 1 「〜だった」という表現

やってみよう！1

訳 ▶ 彼らは昨年私のクラスメートでした。

解説 ▶ 今年はクラスが違うのですね。「彼らは昨年私のクラスメートだった」と2人以上のことを話しているので, were を選びます。今, 同じクラスなら, They are my classmates now. となります。

やってみよう！2

正しい文 ▶ (You were very busy last) week.

解説 ▶ 今週はゆっくりできるといいですね。相手のことを話していて過去のことですから, be動詞は were になります。last week は「先週」という意味で, last は「この前の」を表します。

やってみよう！3 6

放送文と訳 ▶

☆ : What is that?
★ : That's a picture by my grandfather.
☆ : It's beautiful.
1　Yes, I did.
2　No, thank you.
3　He was a great artist.
☆ :「あれは何？」
★ :「ぼくのおじいさんがかいた絵だよ」
☆ :「きれいね」
1　うん, そうしたよ。
2　いや, けっこうです。
3　彼はすばらしい芸術家だったんだ。

解説 ▶ 女の子の発言から, おじいさんの絵はきれいなことがわかりますね。「彼はすばらしい芸術家だった」と言う場合, He が主語なので, be動詞は was を使います。

LESSON 2 「〜だった？」「〜じゃなかった」という表現

やってみよう！1

訳 ▶
A「君は昨日どこにいたの？」
B「図書館にいたよ」

解説 ▶ 昨日のことをきいているので, 過去形を使います。相手のことについてきいているので, were を選びます。

やってみよう！2

正しい文 ▶ (Was your mother tired yesterday)？

解説 ▶ 質問するときは, 単語の並び順に気を付けましょう。「あなたのお母さん」は your mother ですね。自分と相手以外の1人の人についての質問なので, 文の最初に was を置きます。

やってみよう！3 12

放送文と訳 ▶

★ : I didn't see Tom and Emma yesterday.
☆ : Well, they didn't come to the party.
★ : Were they sick?
1　No, they don't.
2　No, they aren't.
3　No, they weren't.
★ :「昨日はトムとエマに会わなかったよ」
☆ :「そうね, パーティーに来なかったわ」
★ :「病気だったのかな？」
1　ううん, しないわ。
2　ううん, そうではないわ。
3　ううん, そうではなかったわ。

解説 ▶ 過去のことを否定したいので, 3 を選びます。weren't は were not を短くした形です。2人以上の人について答えているので, were を使っていますね。

LESSON 3 「～した」という表現

やってみよう！1

訳 ▶ 彼らは3年前，この町を訪れました。

解説 ▶ 3年前のことなので過去形を使います。「～を訪れる」の元の形は visit です。これを過去形にするには，後ろに –ed を付けて visited とします。

やってみよう！2

訳 ▶
女の子「この夏は，家族といっしょに沖縄にいたのよ」
男の子「すてきだね！　海で泳いだ？」
女の子「ええ，何回も泳いだわ」

1　冬に。
2　何回も泳いだわ。
3　私は泳いでいるわ。
4　わからないわ。

解説 ▶ 男の子の「泳いだ？」という質問に対して，女の子は Yes で答えていますね。後に続くのは過去形です。「泳いだ」と表現したいときは，元の形の swim を変えて swam にします。

やってみよう！3　**MP3 アプリ 18**

放送文と訳 ▶

☆ : Where did you go on Sunday?
★ : I went to a new restaurant.
☆ : How did you go there?
1　I took a bus.
2　At lunch.
3　With my grandma.
☆ :「日曜はどこに行ったの？」
★ :「新しいレストランに行ったよ」
☆ :「どうやってそこへ行ったの？」
1　バスに乗ったよ。
2　お昼に。
3　おばあちゃんとだよ。

解説 ▶ How で始まる質問には，「バスに乗った」のように「どうやって」という部分がはっきりわかるように答えます。「バスに乗る」は take a bus なので，ここでは元の形の take を変えて took にします。

LESSON 4 「～した？」「～しなかった」という表現

やってみよう！1

訳 ▶

A「メアリーは昨日，学校に来たの？」
B「うん，来たよ」

解説 ▶「来る」の部分は，動詞の元の形になりますね。現在形なら，Does Mary come …? となりますが，過去形では，第三者（he や she など）についての質問にも Did を使います。

やってみよう！2

訳 ▶
お母さん「昨日，おじいちゃんに手紙を送ったの？」
息子「ううん，送ってないよ。明日送るつもりだよ」

1　彼は送らないよ。
2　ぼくは送らないよ。
3　ううん，送ってないよ。
4　彼は送らなかったよ。

解説 ▶「昨日，おじいちゃんに手紙を送ったの？」という Did で始まる過去形の質問に対して，2文目で「明日送るつもり」と言っているので，手紙はまだ送っていませんね。didn't を使った否定の過去形で答えましょう。

やってみよう！3　**MP3 アプリ 28**

放送文と訳 ▶

☆ : Did your sister go abroad?
★ : Yes, she did.
☆ : Where did she go?
1　She went to America.
2　It was easy.
3　No, she didn't.
☆ :「あなたのお姉さん［妹さん］は外国へ行ったの？」
★ :「うん，そうだよ」
☆ :「彼女はどこに行ったの？」
1　アメリカに行ったんだ。
2　それは簡単だったよ。
3　いいや，しなかったよ。

解説 ▶ Where で始まる質問に対しては，「アメリカに行った」のように，「どこに，どこで」という部分がはっきり伝わるように答えます。お姉さん［妹さん］に

ついての話題なので, she を使って答えていますね。「行った」と過去を表現したいときは, 元の形の go を大きく変えて went にします。

LESSON 5 「～する予定」「～するつもり」という表現

やってみよう！1

訳 ▶ 私は次の土曜日に, 自分の部屋をそうじする予定です。

解説 ▶ 次の土曜日ですから, 未来の予定について言っていますね。I で始まる文なので, be動詞が am になっている am going to を選びます。

やってみよう！2

訳 ▶
男の子「今日はバスに乗らないといけないんだ。次のバスはいつ来るの？」
女の子「ちょっと待って！ 調べるわね」

1 調べるわね。
2 そうだといいわね。
3 いい考えね。
4 いいわよ。

解説 ▶ 次のバスの時刻を急いで調べようとする女の子の姿が目にうかびますね。調べるのは今よりも先のことなので, will を使って表現します。

やってみよう！3

34

放送文と訳 ▶

☆：Do you have any plans tomorrow?
★：Yes, I do.　Tomorrow is my mother's birthday.
☆：That's nice.　What will you buy for her?
1　That's not good.
2　I will go to school.
3　**I will buy flowers.**
☆：「明日は何か予定があるの？」
★：「うん, あるよ。明日はお母さんの誕生日なんだ」
☆：「いいわね。彼女（お母さん）に何を買うつもりなの？」
1　それは良くないね。
2　学校へ行くつもりだよ。
3　花を買うつもりだよ。

解説 ▶ これから買うものの話をしているので, will を使います。What で始まる質問に対しては, 「花を買う」のように, 「何を」という部分がはっきり伝わるように答えましょう。

LESSON 6 「～すること」という表現

やってみよう！1

訳 ▶ 私の趣味はピアノをひくことです。

解説 ▶ 趣味は「ピアノをひくこと」なので, -ing の付いている playing を選びます。「～すること」を表す -ing の形は, Playing the piano is my hobby. というように, 文の一番初めに置くこともできます。

やってみよう！2

正しい文 ▶ Emma（began to practice the drums last）month.

解説 ▶ 「～し始めた」をちょっと分解すると, 「～することを始めた」ということです。begin の過去形 began と〈to＋動詞の元の形〉を使って表しましょう。

やってみよう！3

40

放送文と訳 ▶

★：Why doesn't your brother play the guitar at home?
☆：Well, our grandmother doesn't like the sound of the guitar.
★：Where does he enjoy playing the guitar now?
1　At seven.
2　With my grandfather.
3　**At the park.**
★：「どうして君のお兄さん〔弟さん〕は家でギターをひかないの？」
☆：「あのね, 祖母はギターの音が好きではないの」
★：「彼は今どこでギターをひくのを楽しんでいるの？」
1　7時に。
2　祖父と。
3　公園で。

解説 ▶ お兄さん〔弟さん〕が「ギターをひくこと」をどこで楽しんでいるかをきいているので, 場所を答

えます。場所を表しているのは「公園で」だけですね。

アルファベットのちがいを知ろう！

この本のLESSONではブロック体という書体を使っていますが，本番の試験では活字体という書体が使われています。予想問題では本番の試験に合わせて活字体を使用しているので，ちがいを見ておきましょう。同じアルファベットでも，★が付いているものは書体によって形が特にちがうので注意しよう。

活字体

A a　B b　C c　D d　E e　F f　G g

H h　I i　J j　K k　L l　M m　N n

O o　P p　Q q　R r　S s　T t　U u

V v　W w　X x　Y y　Z z

ブロック体

A a　B b　C c　D d　E e　F f　G g

H h　I i　J j　K k　L l　M m　N n

O o　P p　Q q　R r　S s　T t　U u

V v　W w　X x　Y y　Z z

予想問題

| 筆記 35問 | リスニング 30問 |

⇒答え・訳・解説は88ページにあります。

本番と同じ形式・同じ量の予想問題です。
LESSON 1〜12で学習した成果を確認しましょう！
付属のマークシート，もしくは「自動採点サービス」の
オンラインマークシートを使って解きましょう。

●付属のマークシートで解答する場合

実際の試験では問題冊子と解答用紙（マークシート）が配られます。答えは解答用紙にマークしないと採点されないので，この本の巻頭にある解答用紙を切り離して使い，実際の試験と同じ状況で「予想問題」を解いて慣れておきましょう！

マークのしかた
※2と答える場合

解　答　欄				
問題番号	1	2	3	4
(1)	①	●	③	④
(2)	①	②	③	④

●「自動採点サービス」で解答する場合

オンラインマークシートにアクセスして解答すると，結果が自動採点されるので簡単に答え合わせができます。また，リスニングの音声も再生することができます。下記の2つの方法でアクセスが可能です。

➡スマートフォン／タブレット
右の2次元コードを読み込んでアクセスし，「問題をはじめる」ボタンを押して試験を始めてください。

ここまで
よくがんばったね！

➡パソコン／スマートフォン／タブレット共通
6ページに掲載の「ウェブ特典」にアクセスし，「自動採点サービスを使う」を選択してご利用ください。

次の *(1)* から *(15)* までの (　　　) に入れるのに最も適切なものを
1, 2, 3, 4 の中から一つ選び, その番号のマーク欄をぬりつぶしなさい。

(1)　　*A :* Did you go to Lily's birthday party last week?
　　　　B : No.　I was sick, so I stayed (　　　) home.
　　　　1 on　　　　　**2** at　　　　　**3** up　　　　　**4** across

(2)　　*A :* What's your favorite (　　　), Danny?
　　　　B : I like math the best.
　　　　1 weather　　　**2** music　　　**3** subject　　　**4** school

(3)　　*A :* Let's enjoy baseball today.
　　　　B : Good idea.　I like (　　　) sports.
　　　　1 play　　　　**2** plays　　　　**3** to play　　　**4** played

(4)　　*A :* Can you help me move this table?　It's too (　　　).
　　　　B : Sure, Patty.
　　　　1 exciting　　**2** large　　　**3** easy　　　**4** clean

(5)　　My school starts at 7:45, so I (　　　) my house at 7:15.
　　　　1 ride　　　　**2** go　　　　**3** take　　　　**4** leave

(6)　　My hands were dirty, so I washed my hands with (　　　).
　　　　1 soap　　　　**2** floor　　　**3** face　　　**4** sky

(7)　　*A :* When did you go to Tokyo?
　　　　B : Three years (　　　).　It was very crowded.
　　　　1 again　　　　**2** soon　　　**3** ago　　　　**4** also

(8) A : Did you get a (　　　　) for next week's concert?

B : No, but I'm going to buy it.

1 money　　　　**2** ticket　　　　**3** book　　　　**4** notebook

(9) Take this bus, and you can (　　　　) to River Station at noon.

1 give　　　　**2** ask　　　　**3** get　　　　**4** see

(10) A : What are you looking (　　　　), Amy?

B : My jacket.　It's really cold outside.

1 by　　　　**2** about　　　　**3** to　　　　**4** for

(11) A : This is a photo of my sister.

B : Wow!　She really (　　　　) like you.

1 says　　　　**2** looks　　　　**3** meets　　　　**4** finds

(12) Julia is (　　　　) in music.　She practices playing the violin every day.

1 difficult　　　　**2** favorite　　　　**3** kind　　　　**4** interested

(13) Ricky and I (　　　　) at the park yesterday.

1 am　　　　**2** was　　　　**3** were　　　　**4** is

(14) Next weekend, I (　　　　) shopping with my friends.

1 will go　　　　**2** went　　　　**3** goes　　　　**4** going

(15) A : (　　　　) long do you play the piano every day?

B : For an hour.

1 What　　　　**2** How　　　　**3** Why　　　　**4** Where

次の *(16)* から *(20)* までの会話について，(　　　)に入れるのに最も適切なものを **1, 2, 3, 4** の中から一つ選び，その番号のマーク欄をぬりつぶしなさい。

(16)　　*Girl :* I will have some orange juice. (　　　)
　　　Clerk : It's two dollars.
　　　1 What do you think?　　　　　**2** How much is it?
　　　3 How big is it?　　　　　　　**4** What is it for?

(17)　　*Boy :* Look!　These flowers are good for Mom's birthday present.
　　　Girl : (　　　)
　　　Boy : Let's give them to her then.
　　　1 I don't like it.　　　　　　　**2** You are ready.
　　　3 I think so, too.　　　　　　　**4** She will ask me.

(18)　　*Boy 1 :* Can you help me with my homework, Ben?
　　　Boy 2 : (　　　) I'll help you right now.
　　　1 I'm busy.　　　　　　　　　**2** Thank you.
　　　3 I don't think so.　　　　　　**4** No problem.

(19)　　*Girl :* Can I use your dictionary?
　　　Boy : (　　　) Here you are.
　　　1 Of course.　　　　　　　　　**2** Sorry, I can't.
　　　3 I forgot it.　　　　　　　　　**4** You're right.

(20)　　*Woman :* This cake was delicious!
　　　Man : Would you like some more?
　　　Woman : No, thanks. (　　　)
　　　1 I'll have a piece.　　　　　　**2** I made it.
　　　3 I'm full.　　　　　　　　　　**4** I want some.

次の (21) から (25) までの日本文の意味を表すように①から⑤までを並べかえて □ の中に入れなさい。そして，2番目と4番目にくるものの最も適切な組み合わせを **1, 2, 3, 4** の中から一つ選び，その番号のマーク欄をぬりつぶしなさい。※ただし，（　　　）の中では，文の初めにくる語も小文字になっています。

---

(21) お茶を1杯いかがですか。

(① you ② a cup ③ would ④ of ⑤ like)

	2番目		4番目	

tea?

1 ③－②   **2** ①－④   **3** ①－②   **4** ⑤－③

(22) この週末は何をする予定ですか。

(① you ② what ③ to ④ are ⑤ going)

	2番目		4番目	

do this weekend?

1 ①－②   **2** ③－④   **3** ②－①   **4** ④－⑤

(23) 私は世界中を旅行したいです。

(① all ② travel ③ the world ④ over ⑤ to)

I want

	2番目		4番目	

.

1 ①－⑤   **2** ⑤－①   **3** ④－③   **4** ②－④

(24) レポートを手伝ってくれてありがとう。

(① for ② helping ③ with ④ me ⑤ my report)

Thank you

	2番目		4番目	

.

1 ②－③   **2** ⑤－①   **3** ④－⑤   **4** ①－③

(25) お母さんは6時に家に帰って来ます。

(① to ② home ③ come ④ is ⑤ going)

Mom

	2番目		4番目	

at six.

1 ④－①   **2** ⑤－③   **3** ②－①   **4** ③－④

Recycling* Festival

You can sell old things.

Date : September 25th
Time : from 10 a.m. to 3 p.m.
Place : Central Park

Students from Greenberg Junior High School will
sing on the stage at 11 a.m.
At 1 p.m., a teacher from Greenberg College will have
a talk show about recycling at City Hall.

*recycling ： リサイクル

(26)   Where can people sell old things at the festival?

1 City Hall.
2 Central Park.
3 The stage.
4 Greenberg College.

(27)   When can you listen to songs by students?

1 At 10 a.m.
2 At 11 a.m.
3 At 1 p.m.
4 At 3 p.m.

4 **B** 次のＥメールの内容に関して, *(28)* から *(30)* までの質問に対する答えとして
最も適切なものを **1, 2, 3, 4** の中から一つ選び, その番号のマーク欄をぬりつ
ぶしなさい。

From: Peter McDonald
To: Justin White
Date: July 25
Subject: Summer vacation
....
Hi Justin,
How is your summer vacation? I'm going to visit a big zoo in
your town next Saturday. I want to take pictures of animals for
my homework. Would you like to come with me? I will take a
train and arrive at the station at 12:30 p.m. How about having
lunch and going to the zoo together?
Your friend,
Peter

From: Justin White
To: Peter McDonald
Date: July 25
Subject: Thanks for asking!
....
Hi Peter,
Thank you for your e-mail. I want to go with you. I know a
good restaurant near the zoo, so let's take the bus from the
station and have lunch there from 1:00 p.m. And I want to get
to the zoo by 2:30 p.m. to take an interesting class about
animals from 3:00 p.m.
See you,
Justin

(28) What does Peter want to do next Saturday?

1 Take pictures of animals.
2 Cook lunch.
3 Do homework at Justin's house.
4 Take a class.

(29) How will Peter and Justin go to the restaurant?

1 By train.
2 By bus.
3 By car.
4 By bike.

(30) When will Justin take the class?

1 At 12:30 p.m.
2 At 1:00 p.m.
3 At 2:30 p.m.
4 At 3:00 p.m.

次の英文の内容に関して，*(31)* から *(35)* までの質問に対する答えとして最も適切なもの，または文を完成させるのに最も適切なものを **1, 2, 3, 4** の中から一つ選び，その番号のマーク欄をぬりつぶしなさい。

Kathy's Little Farm

Kathy is a junior high school student. She is from Canada and now lives in an apartment in Tokyo with her family. They started living in Tokyo three years ago. At first, Kathy didn't like Tokyo and missed the nature in her own country.

In August of this year, one of her friends, Emi, invited her to Hokkaido. Emi's grandparents live there and have a farm. It was a very exciting trip for her. Emi's grandfather showed her a beautiful garden, and Emi's grandmother gave them delicious milk.

On the last day of her trip, Kathy was sad and said to Emi, "I don't want to go back to Tokyo." Then, Emi said, "Let's make a small garden and grow vegetables and flowers at school in Tokyo." Kathy said, "Great idea!"

In September, Kathy and Emi started a gardening club at school. Their garden quickly became popular among the students. Kathy loves her life in Tokyo now, and she is going to write a letter about her club activities to Emi's grandparents.

(31) When did Kathy start living in Tokyo?

1 Last year.
2 Three years ago.
3 This summer.
4 This autumn.

(32) Who has a farm in Hokkaido?

1 Kathy.
2 Kathy's parents.
3 Emi.
4 Emi's grandparents.

(33) Why was Kathy sad?

1 She didn't like milk.
2 Her trip to Hokkaido wasn't exciting.
3 She didn't want to go back to Tokyo.
4 She was too busy in Hokkaido.

(34) After visiting Hokkaido, Kathy and Emi

1 made a garden.
2 went to Canada.
3 bought a flower.
4 saw Kathy's grandparents.

(35) What is Kathy going to write about?

1 Her life in Tokyo.
2 The students of her school.
3 Her club activities.
4 Her friends in Canada.

Listening Test

❶このテストには, 第1部から第3部まであります。

英文は二度放送されます。

第1部	イラストを参考にしながら対話と応答を聞き, 最も適切な応答を 1, 2, 3 の中から一つ選びなさい。
第2部	対話と質問を聞き, その答えとして最も適切なものを 1, 2, 3, 4 の中から一つ選びなさい。
第3部	英文と質問を聞き, その答えとして最も適切なものを 1, 2, 3, 4 の中から一つ選びなさい。

❷No. 30 の後, 10秒すると試験終了の合図がありますので, 筆記用具を置いてください。

第1部

MP3 アプリ
63〜73

例題

No. 1

No. 2

No. 3

No. 4

No. 5

No. 6

No. 7

No. 8

No. 9

No. 10

No. 11 **1** She is busy.   **2** She is sad.
        3 She is sleepy.   **4** She is sorry.

No. 12 **1** Have lunch.   **2** Turn at the corner.
        3 Go shopping.   **4** Go home.

No. 13 **1** He saw his friend.   **2** He helped his friend.
        3 He went fishing.   **4** He did his English homework.

No. 14 **1** At a store.   **2** From his sister.
        3 From Mary.   **4** From his cousin.

No. 15 **1** Volleyball.   **2** Basketball.
        3 Soccer.   **4** Baseball.

No. 16 **1** Kate's grandmother. **2** Jim.
        3 Jim's grandmother. **4** Their friend.

No. 17 **1** On foot.   **2** By bus.   **3** By train.   **4** By car.

No. 18 **1** Umbrellas.   **2** Handbags.
        3 Coats.   **4** Flowers.

No. 19 **1** At 9:00.   **2** At 9:30.
        3 At 10:00.   **4** At 10:30.

No. 20 **1** She is going to visit her uncle.
        2 It's her birthday.
        3 Her uncle gave her a present.
        4 Her uncle is visiting from Canada.

No. 21   **1** Once a week.   **2** Twice a week.
           3 Three times a week.   **4** Every day.

No. 22   **1** Buy a book.   **2** Go to school.
           3 Study.   **4** Go to the library.

No. 23   **1** His mother.   **2** His father.
           3 His friends.   **4** His grandmother.

No. 24   **1** In a shop.   **2** In a hospital.
           3 In a school.   **4** In a bank.

No. 25   **1** On Monday.   **2** On Tuesday.
           3 On Wednesday.   **4** On Thursday.

No. 26   **1** She went to New York.   **2** She went to Australia.
           3 She went to a museum.   **4** She went to summer camp.

No. 27   **1** His hobby.   **2** His favorite singer.
           3 His dream.   **4** His sister.

No. 28   **1** The weather was bad.   **2** She had to study all day.
           3 The beach was closed. **4** She lost her hat.

No. 29   **1** At 2:30.   **2** At 3:00.   **3** At 3:30.   **4** At 5:00.

No. 30   **1** This morning.   **2** Tomorrow morning.
           3 This afternoon.   **4** Tomorrow afternoon.

予想問題 答え・訳・解説

ぬりつぶされている番号が正解です。
自分の解答と見比べて，何問できたか答え合わせをしましょう。

解答欄

問題番号		1	2	3	4
	(1)	①	●	③	④
	(2)	①	②	●	④
	(3)	①	②	●	④
	(4)	①	②	③	●
	(5)	①	②	③	●
	(6)	●	②	③	④
	(7)	①	●	③	④
1	(8)	●	②	③	④
	(9)	①	②	●	④
	(10)	①	②	③	●
	(11)	●	②	③	④
	(12)	①	②	③	●
	(13)	①	②	●	④
	(14)	●	②	③	④
	(15)	①	●	③	④

解答欄

問題番号		1	2	3	4
	(16)	①	●	③	④
	(17)	①	②	●	④
2	(18)	●	②	③	④
	(19)	●	②	③	④
	(20)	①	●	③	④
	(21)	①	②	③	●
	(22)	①	●	③	④
3	(23)	①	●	③	④
	(24)	●	②	③	④
	(25)	①	②	③	●
	(26)	①	●	③	④
	(27)	●	②	③	④
	(28)	①	②	●	④
	(29)	①	②	③	●
	(30)	①	●	③	④
4	(31)	①	②	●	④
	(32)	①	②	③	●
	(33)	①	②	●	④
	(34)	①	●	③	④
	(35)	①	②	●	④

リスニング解答欄

問題番号		1	2	3	4
	例題	①	●	③	
	No. 1	①	●	③	
	No. 2	①	②	●	
	No. 3	●	②	③	
第1部	No. 4	①	②	●	
	No. 5	①	②	●	
	No. 6	●	②	③	
	No. 7	①	②	●	
	No. 8	●	②	③	
	No. 9	①	②	●	
	No. 10	①	●	③	
	No. 11	①	②	●	④
	No. 12	●	②	③	④
	No. 13	①	②	③	●
	No. 14	①	●	③	④
第2部	No. 15	●	②	③	④
	No. 16	①	②	③	●
	No. 17	①	②	●	④
	No. 18	●	②	③	④
	No. 19	①	②	●	④
	No. 20	●	②	③	④
	No. 21	①	●	③	④
	No. 22	①	②	③	●
	No. 23	①	●	③	④
	No. 24	●	②	③	④
第3部	No. 25	①	●	③	④
	No. 26	①	②	●	④
	No. 27	①	②	③	●
	No. 28	●	②	③	④
	No. 29	①	②	●	④
	No. 30	①	●	③	④

※ここでは解答がわかりやすいよう赤でぬりつぶしています。

筆記 1

問題 74〜75ページ

(1) 答え **2**

A「あなたは先週，リリーの誕生日パーティーに行った？」
B「いいえ。私は病気だったので，家にいたわ」

1 〜の上に　　　　2 〜で，〜に
3 〜を上がって　　4 〜を横切って

解説　BのI was sick「私は病気だった」から，続くso I stayed（　）homeでは「家にいた」という流れにすることがわかります。stay at homeで「家にいる」です。

(2) 答え **3**

A「あなたの一番好きな科目は何ですか，ダニー？」
B「ぼくは算数が一番好きです」

1 天候　2 音楽　3 科目　4 学校

解説　BのI like math the best.「算数が一番好き」という返事から，AはBに対して一番好きな科目をきいていることが予想できます。favoriteは「一番好きな，大好きな」という意味です。

(3) 答え **3**

A「今日，野球を楽しもうよ」
B「いい考えだね。ぼくはスポーツをすることが好きだよ」

1 する　2 する　3 すること　4 した

解説　like「〜が好き」と（　）のつながりを考え，3を選びます。〈to ＋ 動詞の元の形〉で「〜す

88

ること」という意味になります。

(4) 答え 2

A 「このテーブルを動かすのを手伝ってもらえない？ **大き過ぎるのよ**」
B 「いいよ, パティー」
1 わくわくする **2** 大きい
3 容易な **4** 清潔な

解説 Can you help me move this table?「このテーブルを動かすのを手伝ってもらえない？」とたのんでいる理由として,「テーブルが（1人で動かすには）大き過ぎる」ということが予想できます。It's too large. の It は this table「このテーブル」を指します。

(5) 答え 4

「私の学校は 7 時 45 分に始まるので, 私は 7 時 15 分に家を出ます」
1 乗る **2** 行く **3** 取る **4** 出発する

解説 学校が 7 時 45 分に始まることに注目し,（　）とその直後の my house「私の家」をつなげて, 7 時 15 分に「家を出る」という表現にします。ここでは「〜を出発する」を意味する leave を選びます。

(6) 答え 1

「手がよごれていたので, 私は石けんで手を洗いました」
1 石けん **2** 床
3 顔 **4** 空

解説 手がよごれていたから, washed my hands「手を洗った」と言っています。ここでの with は「（道具など）〜で, 〜を使って」という意味です。手を洗うときに使うものを考えて, soap を選びます。

(7) 答え 3

A 「あなたはいつ東京に行ったの？」
B 「3 年前よ。とても混んでいたわ」
1 再び **2** すぐに
3 〜前に **4** 〜もまた

解説 **A** は When did you go to ...?「いつ〜へ行ったのか」ときいているので, **B** の 1 文目は「いつなのか」を表します。「〜前に」を表す ago を選び, Three years ago.「3 年前に」という意

味にします。

(8) 答え 2

A 「来週のコンサートのための**チケット**を買った？」
B 「ううん, でも買う予定だよ」
1 お金 **2** チケット **3** 本 **4** ノート

解説 for next week's concert「来週のコンサートのための」とのつながりを考えて, **2** を選びます。I'm going to buy it「それを買うつもり」の it は ticket を指しています。

(9) 答え 3

「このバスに乗ってください, そうすればリバー駅に正午に**着きます**よ」
1 あげる **2** たずねる **3** 着く **4** 見る

解説 get to ... で「〜に着く」という意味です。Take this bus「このバスに乗ってください」の後に to River Station at noon「リバー駅に正午に」とあるので,「このバスに乗れば正午に駅に着く」という話の流れであると予想できます。

(10) 答え 4

A 「あなたは何を探しているの, エイミー？」
B 「私の上着よ。外はとても寒いのよ」
1 〜のそばに **2** 〜について
3 〜へ **4** 〜を求めて

解説 **A** の質問に対して, **B** は 1 文目で My jacket.「私の上着」と答えています。さらに続けて「外は寒い」と言っているので, **B** は **A** に「何を探しているのか」ときかれているとわかります。look for ... で「〜を探す」という意味です。

(11) 答え 2

A 「これはぼくの姉［妹］の写真だよ」
B 「あら！ 彼女はあなたによく似ているわ」
1 言う **2** 見える **3** 会う **4** 見つける

解説 **A** の発言に対して, **B** は 2 文目で She really (　) like you. と言っています。この She は **A** の発言にある sister を指すので, **A** と **A** の姉［妹］が似ているという話の流れになるのが自然です。look like ... で「〜に似ている」という意味です。

(12) 答え 4

89

「ジュリアは音楽に興味があります。彼女は毎日バイオリンをひく練習をします」

1 難しい　　　　　　　**2** 大好きな

3 親切な　　　　　　　**4** 興味がある

解説　2文目に She practices playing the violin every day. 「彼女は毎日バイオリンをひく練習をする」とあるので，1文目では「ジュリアは音楽に興味がある」という表現を作ります。be interested in ... で「～に興味がある」という意味です。

---

(13) 答え **3**

「リッキーと私は昨日，公園にいました」

解説　yesterday「昨日」とあるので，（　）には過去形が入ります。主語は Ricky and I「リッキーと私」という2人の人なので，were を選びます。

問題 76ページ

筆記 **2**

(16) 答え **2**

女の子「オレンジジュースをください。それはいくらですか」

店員「2ドルです」

1 あなたはどう思いますか。

2 それはいくらですか。

3 それはどのくらい大きいのですか。

4 それは何のためですか。

解説　女の子の質問に対して，店員が It's two dollars. 「2ドルです」と答えていることから，女の子はジュースの値段について質問をしたと予想できます。How much ...? は「～はいくらですか」という表現で，値段をたずねるときに使います。

---

(17) 答え **3**

男の子「見て！　これらの花はお母さんの誕生日プレゼントにいいよね」

女の子「私もそう思うわ」

男の子「それならお母さんにそれらの花をあげよう」

1 私は好きじゃないわ。

2 あなたは準備ができてるわ。

3 私もそう思うわ。

4 彼女は私にたずねるわ。

---

(14) 答え **1**

「今度の週末，私は友達と買い物に行く予定です」

解説　Next weekend「今度の週末」から，未来のことであるとわかるので，will「～する予定だ」をふくむ**1**を選びます。will の後は動詞の元の形がくるので，will go となります。

---

(15) 答え **2**

A「君は毎日どれくらい長い時間ピアノをひくの？」

B「1時間よ」

1 何　　　　　　　　**2** どれくらい

3 なぜ　　　　　　　**4** どこに

解説　**B**が For an hour. 「1時間よ」と答えていることから，**A**は時間の長さをたずねていることがわかります。How long ...? は時間がどれくらいの長さかをたずねるときに使う表現です。

解説　男の子は2番目の発言で，「それならお母さんにそれらの花をあげよう」と言っています。このことから，男の子の最初の発言に対して，女の子は I think so, too. 「私もそう思う」と言ったと考えられます。

---

(18) 答え **4**

男の子1「ぼくの宿題を手伝ってくれる，ベン？」

男の子2「問題ないよ。今すぐ手伝ってあげるよ」

1 ぼくはいそがしいんだ。

2 ありがとう。

3 ぼくはそうは思わないよ。

4 問題ないよ。

解説　〈help＋人＋with ...〉で「（人）の～を手伝う」という意味です。ここでは，Can you ...? 「～してくれますか」と組み合わせて，ベンに宿題を手伝ってくれるようにたのんでいます。（　）の後，ベンは I'll help you right now. 「今すぐ手伝ってあげるよ」と言っているので，（　）には「いいよ，問題ないよ」を意味する No problem. が入ります。

---

(19) 答え **1**

女の子「あなたの辞書を使ってもいい？」

男の子「もちろん。はい，どうぞ」

1　もちろん。
2　ごめんね、ぼくはできないよ。
3　ぼくはそれを忘れたよ。
4　君の言うとおりだよ。
解説　辞書を使わせてもらいたいという女の子に対して、男の子は（　　）の後に、Here you are.「はい、どうぞ」と言っています。このことから、（　　）には Of course.「もちろん」が入るとわかります。

(20) 答え　3
女性「このケーキはとてもおいしかったわ！」
男性「もう少しいかがですか」

女性「いいえ、結構よ。私はおなかがいっぱいなの」
1　1切れもらうわ。
2　私がそれを作ったの。
3　私はおなかがいっぱいなの。
4　私はいくらか欲しいわ。
解説　Would you like ...?「～はいかがですか」は、何かを人にすすめるときに使う表現です。ここでは男性が女性にケーキをすすめていますが、女性は No, thanks.「いいえ、けっこうよ」と言っているので、続く（　　）には断る理由が入ります。I'm full. は「おなかがいっぱいだ」という意味です。

問題 77ページ

筆記 **3**

(21) 答え　3
正しい語順 (Would **you** like **a cup** of) tea?
解説　日本文が「～をいかがですか」となっていることに注目し、Would you like ...? という表現を使います。「お茶を1杯」は「1杯のお茶」と考えて、a cup of tea で表します。

(22) 答え　4
正しい語順 (What **are** you **going** to) do this weekend?
解説　「何を～」という疑問文なので、What を最初に置きます。「～をする予定」は be going to ... なので〈What＋be動詞＋主語〉の順に並べます。

(23) 答え　4
正しい語順 I want (to **travel** all **over** the world).
解説　「～したい」は〈want＋to＋動詞の元の

形〉で表すので、want to travel となります。「世界中」は all over the world と言います。

(24) 答え　1
正しい語順 Thank you (for **helping** me with my report).
解説　〈Thank you for＋動詞＋ing〉で「～してくれてありがとう」という意味です。〈help＋人＋with ...〉で「(人)の～を手伝う」を表すので、ここでは help に ing を付けて、helping me with my report とします。

(25) 答え　2
正しい語順 Mom (is **going** to **come** home) at six.
解説　未来のことなので、be going to ...「～する予定だ」という表現を使います。その後に「家に帰ってくる」を表す come home を置きます。

問題 78～79ページ

筆記 **4** A

全訳
リサイクル・フェスティバル
古いものを売ることができます。

日にち：9月25日
時間：午前10時から午後3時まで
場所：セントラルパーク

グリーンバーグ中学校の生徒たちが、午前11時にステージで歌います。
午後1時には、市役所でグリーンバーグ大学の先生がリサイクルについてのトークショーをします。

(26) 答え　2
人々はフェスティバルでは、どこで古いものを売ることができますか。

1 市役所。　　　　　　**2** セントラルパーク。
3 ステージ。　　　　　　**4** グリーンバーグ大学。
解説　掲示の2行目に You can sell old things.
「古いものを売ることができます」とあり, Place
「場所」には Central Park「セントラルパーク」
とあるので, **2** が正解です。

(27) 答え　**2**
あなたはいつ生徒たちの歌を聞くことができますか。

1 午前 10 時に。　　　**2** 午前 11 時に。
3 午後1時に。　　　　**4** 午後3時に。
解説　最後から2文目に Students in Greenberg
Junior High School will sing on the stage
at 11 a.m.「グリーンバーグ中学校の生徒たちが,
午前 11 時にステージで歌います」とあるので, **2**
が正解です。**1** はフェスティバルの開始時刻, **3**
はトークショーの開始時刻, **4** はフェスティバル
の終りょう時刻なので, まちがえないように注意
しましょう。

筆記 **4** Ⓑ　　　　　　　　　　　　　　　問題 80〜81ページ

全訳
差出人：ピーター・マクドナルド
受取人：ジャスティン・ホワイト
日付：7月25日
件名：夏休み

やあジャスティン,
夏休みはどう？　ぼくは今度の土曜日に, 君の町
にある大きな動物園に行く予定だよ。宿題のた
めに, 動物たちの写真をとりたいんだ。君もいっ
しょに行かない？　ぼくは電車に乗って午後 12
時 30 分に駅に着くよ。いっしょに昼ごはんを食
べて, 動物園に行くのはどう？
君の友達,
ピーター
....
差出人：ジャスティン・ホワイト
受取人：ピーター・マクドナルド
日付：7月25日
件名：さそってくれてありがとう！

やあピーター,
Eメールをありがとう。ぼくも君と一緒に行きた
いな。動物園の近くのおいしいレストランを知っ
ているから, 駅からバスに乗って, 午後1時からそ
こで昼ごはんを食べようよ。午後3時からの動
物についてのおもしろい授業を受けるために, 午
後2時 30 分までには動物園に着きたいな。
それじゃあ,
ジャスティン

(28) 答え　**1**

今度の土曜日にピーターは何をしたいのですか。
1 動物たちの写真をとる。
2 昼食を作る。
3 ジャスティンの家で宿題をする。
4 授業を受ける。
解説　最初のEメールの2文目に I'm going to
visit a big zoo in your town next Saturday.
とあり, 続いて I want to take pictures of
animals for my homework.「宿題のために,
動物たちの写真をとりたい」と書かれています。
このことから, **1** が正解です。

(29) 答え　**2**
ピーターとジャスティンはどうやってレストラン
に行きますか。
1 電車で。　　　　　　**2** バスで。
3 車で。　　　　　　　**4** 自転車で。
解説　2番目のEメールの3文目で, ジャスティ
ンは let's take the bus from the station and
have lunch there と書いています。この there
は, カンマの前の部分にある a good restaurant
near the zoo を指します。

(30) 答え　**4**
ジャスティンはいつ授業を受けますか。
1 午後 12 時 30 分に。　**2** 午後1時に。
3 午後2時 30 分に。　　**4** 午後3時に。
解説　2番目のEメールの終わりで, ジャスティ
ンが take an interesting class about
animals from 3:00 p.m. と書いているので, **4**
が正解です。この文の前半には, I want to get to
the zoo by 2:30 p.m. とありますが, これは「午

後2時30分までに動物園に着きたい」というこ

となので, まちがえないようにしましょう。

筆記 4 (C)

全訳

キャシーの小さな農場

キャシーは中学生です。彼女はカナダ出身で, 今は東京のアパートに家族といっしょに住んでいます。彼女たちは3年前に東京に住み始めました。最初, キャシーは東京が好きではなく, 自分の国の自然をこいしく思っていました。

今年の8月, 友達の1人のエミが, 彼女を北海道に招きました。エミの祖父母がそこに住んでいて, 農場を持っているのです。それは彼女にとってとてもわくわくする旅でした。エミのおじいさんはきれいな庭を見せてくれて, エミのおばあさんはおいしい牛乳をくれました。

旅の最終日に, キャシーは悲しくなって, エミに「東京にもどりたくない」と言いました。すると, エミは「東京の学校で小さな庭を作って野菜や花を育てましょう」と言いました。キャシーは「すばらしい考えね！」と言いました。

9月に, キャシーとエミは学校で園芸部を始めました。彼女たちの庭はすぐに生徒たちの間で人気になりました。キャシーは東京での生活が今は大好きで, エミの祖父母にクラブ活動について手紙を書くつもりです。

(31) 答え 2

キャシーはいつ東京に住み始めましたか。
1 昨年。　　　　　2 3年前。
3 今年の夏。　　　4 今年の秋。

解説 第1段落の3文目に They started living in Tokyo three years ago. とあります。この They はキャシーとその家族を指しています。... years ago で「〜年前に」を表します。

(32) 答え 4

だれが北海道に農場を持っていますか。
1 キャシー。
2 キャシーの両親。
3 エミ。
4 エミの祖父母。

解説 第2段落2文目の Emily's grandparents live there and have a farm. から正解がわかります。この there は, 前の文にある Hokkaido を指します。

(33) 答え 3

キャシーはなぜ悲しかったのですか。
1 彼女は牛乳が好きではなかった。
2 北海道への旅がわくわくするものではなかった。
3 彼女は東京にもどりたくなかった。
4 彼女は北海道でいそがしすぎた。

解説 質問の最後にある sad「悲しい」に注目し, 同じ表現を探しましょう。第3段落の最初の文に Kathy was sad とあり, 続いて and said to Emi, "I don't want to go back to Tokyo." とあります。

(34) 答え 1

北海道を訪れた後, キャシーとエミは
1 庭を作った。
2 カナダへ行った。
3 花を買った。
4 キャシーの祖父母に会った。

解説 キャシーとエミが北海道を訪れたのは In August「8月に」です。第4段落の最初の文は, In September「9月に」で始まり, started a gardening club at school「学校で園芸部を始めた」とあります。そして続く文に Their garden「彼女たちの庭」とあることから, 1 が正解だとわかります。

(35) 答え 3

キャシーは何について手紙を書くつもりですか。
1 東京での生活。
2 学校の生徒たち。
3 クラブ活動。
4 カナダの友達。

解説 第4段落の最後に, she is going to write a letter about her club activities to Emi's grandparents とあるので, 3 が正解です。

【例題】 答え **2**

☆：Excuse me. Can you help me?

★：Yes.

☆：How can I go to the museum?

1　See you later.

2　**By bus.**

3　Yes, I can.

☆：「すみません。助けてくれますか？」

★：「いいですよ」

☆：「博物館にはどうやったら行けますか？」

1　また後で会いましょう。

2　バスで。

3　はい，私はできます。

解説　How ...? は「どのように〜ですか」と質問するときに使います。ここでは，博物館への行き方を質問しているので，By bus.「バスで」と手段を答えている **2** が正解です。

No. 1 答え **1**

★：Emily, do you want to go to the movie with me?

☆：Sure, when?

★：How about tomorrow?

1　**Sounds good.**

2　I'll watch TV.

3　It was cold yesterday.

★：「エミリー，ぼくといっしょに映画に行かない？」

☆：「いいわよ，いつ？」

★：「明日はどうかな？」

1　いいわね。

2　私はテレビを見るつもりよ。

3　昨日は寒かったわ。

解説　How about ...? は「〜はどうですか」と相手に提案するときに使います。これに対してSounds good.「いいわね」と賛成している **1** が正解です。

No. 2 答え **2**

★：Good morning, Lisa.

☆：Good morning, Mr. Smith.

★：Did you do your homework?

1　My house is on Main Street.

2　**I'm sorry, I forgot.**

3　No, thank you.

★：「おはよう，リサ」

☆：「おはようございます，スミス先生」

★：「あなたは宿題をやりましたか」

1　私の家はメイン通りにあります。

2　ごめんなさい，私は忘れました。

3　いいえ，結構です。

解説　宿題をやってきたかという質問に対して，I'm sorry, I forgot.「ごめんなさい，私は忘れました」と答えている **2** が正解です。**3** の No, thank you. は，何かをすすめられたときに断る場合に使う表現です。

No. 3 答え **1**

☆：I have to go home now.

★：OK.

☆：Where is the bus stop?

1　**It's over there.**

2　It's ten dollars.

3　Good idea.

☆：「私は，もう帰らなくてはいけないわ」

★：「わかったよ」

☆：「バス停はどこかしら？」

1　それはあそこにあるよ。

2　それは 10 ドルだよ。

3　良い考えだね。

解説　女の子の最後の発言 Where is the bus stop?「バス停はどこかしら？」に注意し，バス停の場所を答えている選択肢を考えます。**1** の over there は「あそこに，向こうに」を意味します。It は bus stop を指します。

No. 4 答え **3**

☆：Excuse me.

★：Yes?

☆：May I have some salt, please?

1　It's very good.

2　Here's your pepper.

3　**Of course.**

☆：「すみません」

★：「はい？」
☆：「塩をいただけますか」
1　それはとてもいいです。
2　コショウをどうぞ。
3　もちろんです。
解説　May I have ...? は「〜をいただけますか」と丁ていねいにたのむ表現です。女性は salt「塩」を欲しがっているので, Of course.「もちろん, いいですよ」が正解です。

No. 5　答え　3
☆：Dad, can I have some money?
★：What do you need it for?
☆：I need a new notebook for school.
1　I went to the bank.
2　Thanks.
3　**OK, here's two dollars.**
☆：「お父さん, いくらかお金をもらえないかしら？」
★：「君はそれが何のために必要なんだい？」
☆：「私は学校用に新しいノートがいるの」
1　私は銀行に行ったよ。
2　ありがとう。
3　いいよ, 2ドルあげよう。
解説　Can I ...? は「〜してもいいですか」と相手に許可を求めるときに使う表現です。I need a new notebook for school.「私は学校用に新しいノートがいるの」から, 女の子がノートを買うためのお金を必要としていることがわかります。これに対応しているのは, 3 です。

No. 6　答え　2
★：Hi, this is Ben. Is Jill there?
☆：I'm sorry, she's not home.
★：When will she be back?
1　At the library.
2　**At two thirty.**
3　Thanks for calling.
★：「もしもし, こちらはベンです。ジルはいますか」
☆：「ごめんなさい, 彼女は家にいないの」
★：「彼女はいつ帰りますか」
1　図書館で。
2　2時30分に。
3　電話をくれてありがとう。

解説　When は「いつ」と時をたずねる場合に使う語です。男の子がジルに電話をし, 女性から she's not home「彼女は家にいない」と言われて, ジルがいつ帰ってくるのかきいていることがわかります。時間を答えているのは 2 だけです。

No. 7　答え　2
★：This is for you. Happy birthday.
☆：Wow, thank you!
★：Do you like it?
1　Me too.
2　**Yes, it's beautiful.**
3　You're welcome.
★：「これは君にだよ。誕生日おめでとう」
☆：「あら, ありがとう！」
★：「君はそれを気に入ったかい？」
1　私もよ。
2　ええ, それはきれいだわ。
3　どういたしまして。
解説　Do you like it? は相手に「あなたはそれを気に入った？」ときくときに使う表現です。ここでは, プレゼントをもらった女性に感想をきいていることを理解しましょう。beautiful は「美しい, きれいな」という意味です。

No. 8　答え　1
★：Hi, what did you do yesterday?
☆：I enjoyed shopping with my sister.
★：What did you buy?
1　**I bought this bag.**
2　It was fun.
3　On vacation.
★：「やあ, 昨日は何をしたの？」
☆：「姉〔妹〕と買い物を楽しんだわ」
★：「君は何を買ったの？」
1　このかばんを買ったの。
2　それは楽しかったわ。
3　休かで。
解説　What は「何を」と質問する場合に使います。男の子は What did you buy?「君は何を買ったの？」と過去のことをたずねているので, buy の過去形 bought を使って買ったものを答えている 1 が正解です。

No. 9　答え　3

☆ : That's a nice picture, Harry.

★ : Thanks. This is my little sister.

☆ : How old is she?

1　Her name is Nancy.

2　When I was fifteen.

3　**She is six.**

☆ :「それはいい写真ね, ハリー」

★ :「ありがとう。これは, ぼくの妹なんだ」

☆ :「彼女は何才なの?」

1　彼女の名前はナンシーだよ。

2　ぼくが 15 才だったとき。

3　6 才だよ。

解説　How old ...? は「何才ですか」と年れいをたずねるときに使います。ここでは男の子の妹が話題になっているので, She は男の子の little sister を指します。

No. 10 答え　2

☆ : Hi, Dave.

★ : Hi, Ellie.　Did you have a good

vacation in Hawaii?

☆ : It was wonderful. I went swimming every day.

1　It's sunny.

2　**That's great.**

3　I'm fine.

☆ :「こんにちは, デイブ」

★ :「やあ, エリー。君はハワイで良い休かを過ごした?」

☆ :「すばらしかったわ。私は毎日泳ぎに行ったのよ」

1　晴れてるよ。

2　それは良かった。

3　ぼくは元気だよ。

解説　2 人はエリーのハワイ旅行について話をしていて, エリーは It was wonderful. I went swimming every day.「すばらしかったわ。私は毎日泳ぎに行ったのよ」と言っています。これに対応するのは That's great.「それはすばらしい, それは良かった」です。

リスニング 第 **2** 部 ──────────　74〜84　問題 86 ページ

No. 11 答え　3

★ : What's the matter, Erica?

☆ : I don't feel well.

★ : That's too bad. Do you have a cold?

☆ : No. I didn't sleep much yesterday.

Question : What is Erica's problem?

★ :「どうしたの, エリカ?」

☆ :「気分が良くないの」

★ :「大変だね。かぜを引いているの?」

☆ :「ううん。昨日よくねむれなかったの」

質問 :「エリカの問題は何ですか」

1　彼女はいそがしい。

2　彼女は悲しい。

3　**彼女はねむい。**

4　彼女は残念に思っている。

解説　エリカの I didn't sleep much yesterday.「昨日よくねむれなかったの」という発言から, ねむくて気分が優れないとわかるので **3** が正解です。　have a cold は「かぜを引いている」という意味です。

No. 12 答え　3

★ : I'm a little hungry. Are there any restaurants around here?

☆ : Yes.　There is a Japanese one over there.

★ : Shall we go there now?

☆ : No. First, let's go shopping.

Question : What will they do first?

★ :「ぼくは, 少しおなかがすいたよ。この辺りにレストランはあるかい?」

☆ :「あるわよ。向こうに日本料理店があるわよ」

★ :「今, 行こうか」

☆ :「いいえ。まず, 買い物に行きましょう」

質問 :「彼らはまず, 何をするでしょうか」

1　昼食を食べる。　　2　角を曲がる。

3　**買い物に行く。**　4　家に帰る。

解説　男性はおなかがすいたので, レストランがあるか女性にたずねていますが, その後の 2 人の発言がポイントです。Shall we go there now?「今, 行こうか」という男性の発言に対して, 女性は No. と答えています。続く First, let's go shopping.「まず, 買い物に行きましょう」という女性の発言から, **3** を選びます。

No. 13 答え 4

☆：Did you finish your homework yesterday?

★：Yes, I finished it all.

☆：I'm still doing it.

★：I'll help you. I like English.

Question：What did the boy do yesterday?

☆：「昨日，宿題を終わらせた？」

★：「うん，全部終えたよ」

☆：「私はまだやっているとちゅうなの」

★：「手伝うよ。ぼくは英語が好きなんだ」

質問：「男の子は昨日，何をしましたか」

1 彼は友達に会った。

2 彼は友達を手伝った。

3 彼は魚つりに行った。

4 彼は英語の宿題をした。

解説 Did you finish ...? は「～を終わらせた？」という意味で，男の子はそれに答えて宿題を全部終わらせたと言っています。そして，女の子の宿題を手伝うと言った後に I like English.「ぼくは英語が好きなんだ」と言っていることから，2人は英語の宿題について話していることがわかります。

No. 14 答え 2

☆：I like your sweater, Kevin.

★：Thanks, Mary!

☆：Where did you buy it?

★：I didn't buy it. My sister gave it to me.

Question：Where did Kevin get his sweater?

☆：「私は，あなたのセーターが気に入ったわ，ケビン」

★：「ありがとう，メアリー！」

☆：「あなたはそれをどこで買ったの？」

★：「ぼくはそれを買ってないよ。ぼくの姉〔妹〕がぼくにくれたんだ」

質問：「ケビンはどこでセーターを手に入れましたか」

1 店で。　　　　　2 彼の姉〔妹〕から。

3 メアリーから。　　4 彼のいとこから。

解説 女の子の質問に対して，男の子は I didn't buy it.「ぼくはそれを買ってないよ」と答えた後，My sister gave it to me.「ぼくの姉〔妹〕がぼ

くにくれたんだ」と言っています。この it は sweater のことです。〈give＋もの＋to＋人〉で「（人）に（もの）をあげる」という意味です。

No. 15 答え 2

★：How about playing baseball or basketball?

☆：Sounds good.

★：Oh, but it's going to rain.

☆：Then we can't play baseball.

Question：What kind of sport will they play?

★：「野球かバスケットボールをするのはどう？」

☆：「いいわね」

★：「おっと，でも雨が降りそうだよ」

☆：「じゃあ野球はできないわね」

質問：「彼らは何のスポーツをしますか」

1 バレーボール。

2 バスケットボール。

3 サッカー。

4 野球。

解説 What kind of ...? は「どんな種類の～？」と質問するときに使います。will を使って未来についての質問をしているので，彼らがこれからするスポーツの種類を答えれば良いとわかります。初めに男の子は「野球かバスケットボールをしない？」ときいていましたが，最後に女の子が we can't play baseball「野球はできないわね」と答えていることから，野球とバスケットボールのうち，2 のバスケットボールが正解です。

No. 16 答え 3

☆：Hi, Jim. How was your holiday?

★：Hi, Kate. I enjoyed my trip to Kyoto.

☆：Why did you go to Kyoto?

★：My grandmother lives there.

Question：Who lives in Kyoto?

☆：「こんにちは，ジム。お休みはどうだった？」

★：「こんにちは，ケイト。京都旅行を楽しんだよ」

☆：「どうして京都に行ったの？」

★：「おばあさんがそこに住んでるんだ」

質問：「だれが京都に住んでいますか」

1 ケイトの祖母。　　2 ジム。

3 ジムの祖母。　　　4 彼らの友達。

解説 Who は「だれ」とたずねる場合に使う語で，

ここではだれが京都に住んでいるのかが問われています。ケイトに Why did you go to Kyoto?「どうして京都に行ったの?」とたずねられ、ジムが My grandmother lives there.「おばあさんがそこに住んでるんだ」と答えているので, there「そこに」は京都を指しているとわかります。

No. 17　答え　**3**

☆：Do you want to go to the beach tomorrow?

★：Sure. Shall we go by bus?

☆：No, let's take the train. It's faster.

★：OK.

Question：How will they get to the beach?

☆：「明日, 海岸へ行かない?」

★：「いいよ。バスで行く?」

☆：「いいえ, 電車で行きましょう。その方が速いわよ」

★：「わかった」

質問：「彼らはどうやって海岸へ行きますか」

1 歩いて。　　　　　　**2** バスで。

3 電車で。　　　　　　**4** 車で。

解説　Do you want to ...? は「〜しませんか」と相手をさそうときに使います。男の子は女の子のさそいを受けて, バスで行くかとたずねています。〈by＋乗り物〉は交通手段を表します。女の子は let's take the train「電車で行きましょう」と答えているので, **3** が正解です。この take は「(乗り物)に乗る」という意味です。

No. 18　答え　**1**

★：Hi, may I help you?

☆：Yes, where are the umbrellas?

★：They're on the second floor, next to the handbags.

☆：Thanks.

Question：What is the woman looking for?

★：「いらっしゃいませ, 何かお探しですか」

☆：「ええ, かさはどこにありますか」

★：「それらは2階のハンドバッグのとなりにございます」

☆：「ありがとう」

質問：「女性は何を探していますか」

1 かさ。　　　　　　**2** ハンドバッグ。

3 コート。　　　　　　**4** 花。

解説　質問の look for ... は「〜を探す」という意味です。女性は店員に umbrellas「かさ」がどこにあるのかたずねているので, かさを探していることがわかります。next to ... は「〜のとなりに」という意味です。

No. 19　答え　**2**

★：Do you want to go to see the tennis game tomorrow?

☆：Sure. When will the game start?

★：It's from 10:00 o'clock.

☆：OK, so let's meet at the station at 9:30.

Question：When will they meet at the station?

★：「明日テニスの試合を見に行かない?」

☆：「いいよ。試合はいつ始まるの?」

★：「10時からだよ」

☆：「わかった, じゃあ9時30分に駅で会いましょう」

質問：「彼らはいつ駅で会いますか」

1 9時に。　　　　　　**2** 9時30分に。

3 10時に。　　　　　　**4** 10時30分に。

解説　テニスの試合が始まるのは「10時」で, 2人が駅で会うのは9:30 (nine thirty)「9時30分」です。2つの時刻をまちがえないようにしましょう。

No. 20　答え　**1**

★：You look happy, Marcia.

☆：I'm going to Canada next week!

★：Really?

☆：Yes, I'm visiting my uncle there.

Question：Why is Marcia happy?

★：「あなたはうれしそうだね, マーシャ」

☆：「私は来週カナダに行くの!」

★：「本当に?」

☆：「ええ, 私は向こうにいるおじさんを訪ねることになっているの」

質問：「マーシャはなぜうれしいのですか」

1 彼女は彼女のおじさんを訪ねる予定である。

2 彼女の誕生日である。

3 彼女のおじさんが彼女にプレゼントをくれた。

4 彼女のおじさんがカナダから訪ねてくる。
解説 マーシャがうれしそうにしている理由について，彼女の最初の発言から，来週カナダに行くからだとわかります。さらに I'm visiting my

uncle there「向こうにいるおじさんを訪ねることになっている」と言っているので，1 が正解です。there は in Canada を表します。

リスニング 第 **3** 部 ――――――――

MP3 アプリ **85〜95** 問題 87ページ

No. 21 答え **2**

Rachel loves swimming. She wants to go swimming every day, but she is too busy. She goes to the swimming pool every Monday and Thursday.

Question：How often does Rachel go swimming?

「レイチェルは泳ぐことが大好きです。彼女は毎日泳ぎに行きたいと思っていますが，いそがし過ぎます。彼女は毎週月曜日と木曜日にスイミングプールに行きます」
質問：「レイチェルはどのくらいひんぱんに泳ぎに行きますか」

1 週に1回。 **2** 週に2回。
3 週に3回。 **4** 毎日。

解説 How often ...? は「どのくらいひんぱんに〜？」ときく表現です。放送の最後に She goes ... every Monday and Thursday.「彼女は毎週月曜日と木曜日に…に行きます」と言っているのを聞きのがさないようにします。

No. 22 答え **4**

I went to the library today. I wanted to borrow a book about Japanese history, but it was closed. I'm going to go again tomorrow.

Question：What will the boy do tomorrow?

「ぼくは今日，図書館へ行きました。ぼくは日本の歴史に関する本を借りたかったのですが，図書館は閉まっていました。ぼくは明日，また行くつもりです」
質問：「男の子は明日，何をする予定ですか」

1 本を買う。 **2** 学校へ行く。
3 勉強する。 **4** 図書館へ行く。

解説 but「しかし」の後を注意して聞きます。男の子が図書館へ本を借りに行こうとしたところ，but it was closed「しかしそれ（＝図書館）

は閉まっていた」と言っています。放送の最後の I'm going to go again tomorrow.「明日また行くつもり」から，正解がわかります。

No. 23 答え **3**

John went on a picnic with his friends yesterday. He enjoyed the beautiful sky and mountains. When he got home, he told his mother about them.

Question：Who did John go on a picnic with?

「ジョンは昨日，友達といっしょにピクニックに行きました。彼は美しい空と山を楽しみました。彼は家に帰ると，彼のお母さんにそれらについて話しました」
質問：「ジョンはだれといっしょにピクニックに行きましたか」

1 彼のお母さん。 **2** 彼のお父さん。
3 彼の友達。 **4** 彼のおばあさん。

解説 with は「〜といっしょに」という意味です。放送の最初の John went on a picnic with his friends の部分から，ジョンは友達とピクニックに行ったことがわかります。

No. 24 答え **1**

Welcome to Main Street Store! Today, milk is on sale. Also, if you buy one box of butter, you can get another one for free.

Question：Where is the man talking?

「メインストリートストアへようこそ！　本日，牛乳がセールになっています。また，バターを1箱買うと，もう1箱が無料でもらえます」
質問：「男性はどこで話していますか」

1 店の中で。 **2** 病院の中で。
3 学校の中で。 **4** 銀行の中で。

解説 Main Street Store というお店の名前や milk is on sale「牛乳がセールになっています」

という案内などから, ここはお店であることが想像できます。on sale は「特売で, セールで」という意味です。

No. 25 答え 3

Roy didn't play outside on Monday and Tuesday afternoon because it was rainy. It stopped raining on Tuesday evening, so he played outside with his friends on Wednesday.

Question：When did Roy play outside?

「雨が降っていたので, ロイは月曜日と火曜日の午後は外で遊びませんでした。火曜日の夕方, 雨がやんだので, 水曜日は友達と外で遊びました」
質問：「ロイはいつ外で遊びましたか」
1　月曜日に。　　　　2　火曜日に。
3　水曜日に。　　　　4　木曜日に。

解説　放送の2つ目の文で, Tuesday evening「火曜日の夕方」に It stopped raining「雨が降ることが止まった (=雨がやんだ)」と言っています。続いて so he played outside with his friends on Wednesday と言っていることから, 「水曜日」が正解です。放送の最初に出てくる Monday「月曜日」と Tuesday「火曜日」は, ロイが外で遊ばなかった曜日です。

No. 26 答え 2

My family and I went to Australia last summer. It was very beautiful and we had a good time. Next year, we will go to New York.

Question：What did the girl do last summer?

「私の家族と私は昨年の夏, オーストラリアへ行きました。オーストラリアはとてもきれいで, 私達は楽しく過ごしました。来年, 私達はニューヨークへ行く予定です」
質問：「女の子は昨年の夏に何をしましたか」
1　彼女はニューヨークへ行きました。
2　彼女はオーストラリアへ行きました。
3　彼女は美術館へ行きました。
4　彼女はサマーキャンプに行きました。

解説　女の子が last summer「昨年の夏」に何をしたかは, My family and I went to Australia last summer.「昨年の夏, 私の家族

と私はオーストラリアへ行きました」からわかります。have a good time は「楽しい時間を過ごす」という意味です。

No. 27 答え 4

My sister likes music very much. She wants to be a singer. She can play the piano and the guitar, too.

Question：What is the boy talking about?

「ぼくのお姉さん [妹] は音楽がとても好きです。彼女は歌手になりたいです。彼女はピアノもギターもひくことができます」
質問：「男の子は何について話していますか」
1　彼の趣味。
2　彼の大好きな歌手。
3　彼の夢。
4　彼のお姉さん [妹]。

解説　What is ... talking about? で「〜は何について話していますか」という意味になります。最初の文で, 男の子は自分の sister「お姉さん [妹]」が likes music「音楽が好き」だと言っています。続く文の She「彼女」は My sister「ぼくのお姉さん [妹]」を指しており, 彼のお姉さん [妹] についての話題が続いているとわかります。

No. 28 答え 1

Last Saturday, Angela went to the beach with her friends. They swam for an hour and then it started to rain. The rain didn't stop, so they had to go home early. Angela was sad.

Question：Why was Angela sad last Saturday?

「先週の土曜日に, アンジェラは友達といっしょに海岸へ行きました。彼女たちは1時間泳ぎ, それから雨が降り出しました。雨がやまなかったので, 彼女たちは早く家に帰らなければなりませんでした。アンジェラは悲しかったです」
質問：「アンジェラはなぜ先週の土曜日に悲しかったのですか」
1　天気が悪かった。
2　彼女は一日中勉強しなければならなかった。
3　海岸が閉まっていた。
4　彼女はぼうしをなくした。

解説 放送の最後の Angela was sad.「アンジェラは悲しかった」の前の部分に注意して聞きましょう。rain didn't stop「雨がやまなかった」ため, 彼女たちは had to go home early「早く家に帰らなければならなかった」ことがわかります。

No. 29 答え 3

Andy is going to go to a concert with his friends tomorrow. The concert starts at three thirty, so he will meet his friends at three. After the concert ends at five, they will have dinner together.

Question：What time will the concert start?

「アンディーは明日, 友達とコンサートに行く予定です。コンサートは3時30分に始まるので, 彼は3時に友達と会う予定です。5時にコンサートが終わった後, 彼らはいっしょに夕食を食べる予定です」

質問：「コンサートは何時に始まりますか」

1 2時30分に。　　　　**2** 3時に。
3 3時30分に。　　　　**4** 5時に。

解説 放送に出てくる3つの時刻を整理しながら聞きましょう。まず, コンサートの開始が3時30分です。次に, 友達との待ち合わせが3時だ

と言っています。最後に, コンサートが終わる時刻が5時です。質問できかれているのはコンサートの開始時刻なので, **3** が正解です。

No. 30 答え 2

I was sick in bed yesterday. I went to the doctor this morning and got better in the afternoon, so I will go to school tomorrow morning.

Question：When will the girl go to school?

「私は昨日, 具合が悪くてねていました。今朝お医者さんに行って, 午後には具合が良くなったので, 明日の朝学校に行くつもりです」

質問：「女の子はいつ学校に行きますか」

1 今朝。
2 明日の朝。
3 今日の午後。
4 明日の午後。

解説 放送の最後で I will go to school tomorrow morning「明日の朝学校に行くつもりだ」と言っていることから, **2** が正解だとわかります。This morning「今朝」は女の子がお医者さんに行ったとき, This afternoon「今日の午後」は具合が良くなったときです。

memo ✎

memo